理论热点面对面2013

理性看 齐心办

中共中央宣传部理论局

学习出版社
人民出版社

图书在版编目（CIP）数据

理性看　齐心办：理论热点面对面·2013/中共中央宣传部理论局编.
-北京：学习出版社，人民出版社，2013.8
ISBN 978-7-5147-0343-6

Ⅰ.①理…　Ⅱ.①中…　Ⅲ.①思想政治教育-中国-学习参考资料
Ⅳ.①D64

中国版本图书馆CIP数据核字（2013）第188184号

理性看　齐心办——理论热点面对面·2013
LIXINGKAN QIXINBAN——LILUN REDIAN MIANDUIMIAN·2013
中共中央宣传部理论局

责任编辑：边　极
技术编辑：王晓勇　贾　茹
版式设计：华鲁印联（北京）科贸有限公司
封面设计：何　杰

出版发行：学习出版社　人民出版社
北京市崇外大街11号新成文化大厦B座11层（100062）
010-66063020　010-66061634
网　　址：http://www.xuexiph.cn
经　　销：新华书店
印　　刷：北京联兴盛业印刷股份有限公司

开　　本：710毫米×1000毫米　1/16
印　　张：9
字　　数：105千字
版次印次：2013年8月第1版　2013年8月第1次印刷

书　　号：ISBN 978-7-5147-0343-6
定　　价：16.80元

出版说明

为深化党的十八大精神的学习宣传贯彻，更好地回答干部群众普遍关注的热点问题，我们在深入调研的基础上，梳理出公平正义怎么保障、收入分配怎么改革、环境恶化怎么扭转、食品安全怎么监管、教育质量怎么提高、养老难题怎么破解、道德失范怎么治理、铺张浪费怎么杜绝、干部作风怎么改进等9个问题，组织中央有关部门和专家学者撰写了《理性看　齐心办——理论热点面对面·2013》这本通俗理论读物。本书紧密结合当前我国发展形势和干部群众思想实际，对这9个问题作了深入浅出、有针对性和说服力的回答，观点准确、说理透彻，文风清新、可读性强，是深入开展中国特色社会主义和中国梦宣传教育的重要辅导读物。

中共中央宣传部理论局

2013年8月

目　录

理性看　齐心办

理论热点面对面·2013

1

2

3

4

5

9

1 共享人生出彩的机会
——公平正义怎么保障

2013年高考前夕，一则消息让广大农村考生感到温暖和振奋：国家决定，提高重点高校招收农村学生比例，今年比去年增加8.6%。这将使更多农村学子得到改变命运的机会，是党和政府维护公平正义一项实实在在的举措。

当前，我们正在为实现民族复兴中国梦而奋斗。有人说，如果描绘中国梦的图景，公平正义就是它不可或缺的底色。只有让公平正义的阳光，照亮每个人的追梦之路，让每个梦想都能开花，中国梦才会成为美好现实。

一、公平正义的呼声为何强烈

公平正义，是中国共产党的一贯主张，是中国特色社会主义的内在要求。我们党领导人民干革命、抓建设、搞改革，就是为了建设真正公平正义的社会，让人民过上幸福生活。新中国的成立和社会主义基本制度的建立，为实现公平正义奠定了根本政治前提。

改革开放以来，我国以世界上少有的速度持续快速发展起来，中国人民稳定地走上富裕安康的广阔道路。这30多年，是我国经济实力和综合国力大幅提升的时期，是改善民生力度最大、人民得到实惠最多的时期。比如，2亿多贫困人口脱贫，免费义务教育全面实现，高等教育进入大众化阶段，建成了世界上最大规模的基本医疗保障网、最大规模的养老保障网，基本公共服务均等化扎实推

新型农村养老保险让广大农民老有所养，和城里人一样领养老金。图为山东省临沂市郯城县城乡居民社会养老保险服务大厅，工作人员展示城乡居民社会养老保险缴费证。

进。今天，人们正享受着越来越多的改革发展成果，公平正义得到更多重视和保障。

从现实来看，党和政府促进公平正义的努力有目共睹，但另一方面，人们对公平正义的呼声也越来越高。在前不久人民日报微博推出的“我期待”系列调查中，对于“让社会更和谐，你最期待”的问题，选择最多的是“进一步促进社会公平正义”，占被调查人数的 59%。为什么会出现这种情况呢？

有社会不公现象凸显的原因。比如，潜规则在一些领域比较盛行，有的人靠钻空子、搞门道一夜暴富，有的人靠“萝卜招聘”捧上“好饭碗”，有的人靠“拼爹”获得“火箭式提拔”。求人的事屡见不鲜，无论是升学、看病、生孩子，还是办企业、上项目，很多都得走关系、靠背景，甚至有人说“中国人从摇篮到坟墓都要求人”。再比如，中国奢侈品消费居世界第二，但还有不少人生活在贫困线以下。这些都直接影响着人们对公平正义的感受。

有政策制度不完善的原因。群众反映强烈的社会不公现象，大都与一些领域改革不到位有关。比如，城乡二元结构尚未打破，城乡居民在医疗、养老等方面待遇差别较大；户籍制度改革呼声很高，但进展还不尽如人意，导致农民工等流动人口“徘徊”在城市边缘，享受不到应有待遇；养老保险接续、随迁子女高考等方面的政策不完善，也加剧了一些人的不公平感。

网友网言

- 潜规则好比社会的癌细胞，一旦扩散开来，后果不堪设想！所以，消灭潜规则就等同于消灭社会的癌细胞。
- 人向潜规则低头可能是无奈，社会向潜规则低头就是悲哀。有潜规则不可怕，关键是要破除它。
- “拼爹”拼掉了社会的公平与正义，拼掉了一些正直人的心，这种现象必须改变。
- 潜规则不除，社会难公平、人心难聚合！

2013年7月1日起，新修订的《劳动合同法》正式实施。图为一位市民在新华书店内翻阅《劳动合同法》。

有人们权利意识增强的原因。随着经济发展和社会进步，人们的民主观念、权利意识明显增强，对公平正义的诉求日益强烈。一旦自身权益受到侵害，许多人不再保持沉默，而是积极争取和维护。据一项网络调查显示，当遇到不公平现象时，83%的网民选择通过各种渠道表达诉求。

也有媒体传播放大的原因。过去，不公平的事件影响范围有限。现在，随着互联网、手机等新媒体的快速发展，人人都有“麦克风”，不公平事件一旦发生，很快就能“坏事传千里”。再加上有些人看待不公平现象时，容易带有非理性和极端化情绪，利用网络进行炒作，夸大了不公平的程度。

事不公则心不平，心不平则气不顺，气不顺则难和谐。公平正义问题已经成为当前我国社会诸多矛盾的交结点，成为广大群众关注度很高的问题。在新的起点上推进中国特色社会主义，就应把公平正义放到更加突出的位置，使追求公平正义体现到社会生活的方方面面，更好地促进社会和谐稳定。

二、如何正确看待公平正义

2012年年底，围绕异地高考问题，一些非北京籍学生家长与北京籍学生家长在网上展开辩论。一方认为，只有消除歧视，让随迁子女享有与本地孩子同等的高考机会，才是公平的体现；另一方则认为，若放开户籍限制，就会影响本地孩子升学机会，这是不公平的。

面对同一件事，为何人们的理解迥然不同？在公平正义问题上，可谓是“仁者见仁、智者见智”，由于人们的立场、角度不一样，对公平正义的理解也不尽相同。那么，应该怎么看待公平正义？

近年来，党和政府大力推进残疾人就业工作，促进了社会公平正义。图为2013年3月8日，几名应聘的聋哑人在浙江省绍兴市人力资源市场用手语交流应聘。

首先，应历史地看。公平正义，是一个古老而又常新的话题。人类社会对公平正义的思考和追求从未停止过。自柏拉图和亚里士多德以来，思想家们就从未停止过对公正问题的探讨。因此，公平正义是一个发展着的历史范畴。在不同社会制度下，公平正义的标准是不一样的。在阶级社会，不同的阶级由于阶级利益的差别，对公平正义的理解也不同。

社会主义制度在我国的确立，为实现真正意义上的公平正义奠定了制度基础。但同时也要看到，公平正义不会自然而然地实现，而是与经济社会发展阶段相联系，是一个不断向前推进的历史过程。我国是在经济文化比较落后的基础上建设社会主义的，虽然经过改革开放30多年发展，经济总量已跃居世界第二，在维护公平正义方面也取得了很大进步。但我国仍处于社会主义初级阶段，仍是一个发展中国家，人均国内生产总值排在世界第80多位，约为世界平均水平的一半，只有发达国家的1/8左右。在这样的历史条件下，一方面，面对经济社会中的矛盾和问题，要通过维护公平正义，激发社会活力，促进经济社会更好更快发展；另一方面，我们讲公平正义，又不能脱离基本国情，只能“就米下锅”，立足经济社会发展实际去满足人们的要求。

在这方面，现实生活中的一些例子就很能说明问题。比如新型农村社会养老保险，这是国家为解决广大农民的后顾之忧、促进社会公平正义的一项制度安排，每个月55元的基本养老金由国家提供，在基本养老金之上的部分根据个人缴费情况而定。这项制度开始试点之后，受到广大农民群众的热烈欢迎。很多农村老人说：我们也可以像城里人一样领养老金了！但推行一段时间后，也有部分农村群众开始提意见了，他们觉得基本养老金标准太低，与城镇居民养老金水平差距太大。应该说，在现阶段的经济发展水平上，

"新农保"只能从低水平起步，做到广覆盖，同时随着经济发展、国家财力增强，逐步提高基本养老金标准。那种企望与城镇养老水平一步对接的想法，出发点可能是好的，但却是不现实的。

"罗马城不是一天建起来的。"公平正义是一个逐步实现的过程，将随着经济社会发展不断螺旋式上升。我们一方面要尽力而为、量力而行，力求在现有条件下，最大程度实现公平正义。另一方面，要大力解放和发展生产力，把蛋糕做大，为实现更高层次的公平正义创造坚实的物质基础。

专家评说

维护和促进社会公正是一个渐进的过程

吴忠民（中央党校教授）： 维护和促进社会公正是一个渐进的过程，而不可能一蹴而就。在一定的历史时期，能够实现何种程度上的社会公正，从根本上来看，应当视这个时期所能提供的经济条件而定，必须遵循"量力而行"的准则。只有以高度发达的经济为基础，一个社会才能具备相应的社会经济资源，才能为社会公正的实现提供必要的支撑构架。

其次，应相对地看。绝对的公平正义，从来都是没有的，只存在于人们的观念和幻想中。在现实生活中，由于社会成员个人情况不同，天赋有差别，能力有大小，不可能每个人都处在同一起跑线上。纯粹的起点平等是做不到的，竞争的最后结果可能导致不公平，只能求得大致公平、相对公平。如果追求绝对公平，苛求整齐划一、完全一致，只会回到平均主义的老路，最终导致公平正义的倒退。

最后，应具体地看。讨论公平正义，不能泛泛而谈，必须放在具体领域、结合具体问题来分析。比如，平等竞争、优胜劣汰的原则，在经济领域是适用的，体现了公平正义的要求，如果拿到社会领域来，则会导致一些社会困难群体，连基本的生存需求都得不到保障，这显然是不公正的。

三、如何通过制度改革为公平正义护航

从2003年启动新型农村合作医疗，到2007年启动城镇居民医疗保险，再到2008年在全国推开。短短5年时间，城乡居民医疗保障制度从无到有、从局部到整体，完成了全覆盖。这项制度改革，使城乡居民享受到了平等的医疗保障，是促进公平正义的一个重要实例。

新型农村合作医疗在保障农民获得基本卫生服务、缓解农民因病致贫和因病返贫方面发挥了重要作用。图为2013年3月28日，福建省莆田市新度镇青垞村一位老人在村卫生所报销医药费。

十一届全国人大三次会议对《选举法》进行修订，作出城乡按相同人口比例选举人大代表的规定。图为安徽省合肥市包河区大圩镇圩西村的村民在新《选举法》实行后的首次投票。

公平正义，从美好理念转化为实践，需要制度的有力保障。近些年来，我们在制度建设方面进行了积极探索，但也存在制度不健全的问题。党的十八大提出，要加紧建设对社会公平正义具有重大作用的制度，逐步建立以权利公平、机会公平、规则公平为主要内容的社会公平保障体系。

公平正义的制度保障网如何织就？关键还是靠改革。30 多年的实践证明，改革是事业发展的强大动力，也是制度建设的根本途径。既应改革不合时宜的制度，也要把实践中成功的做法制度化，还要探索建立适应未来发展需求的新制度，使社会公平保障体系更加完善。具体来说，要从以下几方面来努力。

一是权利公平。在我国，不论民族、性别、职业、财富等，每个人都应一律平等地享有基本权利。应加大法制建设力度，完善法律制度体系，保障公民合法的政治权利和经济文化社会等方面权利，建立健全公民享有和行使权利的体制机制，保障人民当家作主。重点完善公共财政制度、义务教育和职业教育制度、基本医疗卫生制度、收入分配制度、社会保障制度等，促进基本公共服务均等化，使不同地区、不同人群都能享受平等“待遇”。完善权利维护和保障机制，着力解决征地拆迁、环境污染、工资拖欠等群众权益受损的突出问题，确保权利公平的实现。

政策传真

大力营造公平的就业环境

用人单位招用人员、职业中介机构从事职业中介活动，不得对求职者设置性别、民族等条件，招聘高校毕业生，不得以毕业院校、年龄、户籍等作为限制性要求。规范签约行为，任何高校不得将毕业证书发放与高校毕业生签约挂钩。加大人力资源市场监管力度，严厉打击招聘过程中的欺诈行为，及时纠正性别歧视和其他各类就业歧视现象。

——摘自《国务院办公厅关于做好2013年全国普通高等学校毕业生就业工作的通知》

二是机会公平。在现实生活中，每个人都有自己的理想追求，都渴望平等拥有拼搏奋斗、展现自己的机会。应强化政策保障，拆除制度“篱笆”，取消不合理的准入限制，使尽可能多的人有打拼的舞台。比如，2013年5月国务院出台政策规定，大学生就业不得设置毕业院校、年龄、户籍等限制要求。同时搭建更多平台，疏通上升渠道，让人们的创造活力迸发出来，使大家共同享有人生出彩的机会，共同享有梦想成真的机会。对那些困难群体，还要给予更多关怀和扶持，避免“无机会群体”出现。

三是规则公平。任何一个社会都需要有一套规则来保证运行，而公平正义则应是这套规则的灵魂。一方面，通过科学合理的制度安排，确保规则公正严明、不偏不倚；另一方面，全社会都应严格按照规则办事，坚决抵制潜规则。比如，我国公务员“逢进必考”的规则，堵上了过去那种凭条子、找关系的门路，“国考”成为人们普遍认可的、体现公平竞争原则的人才选拔方式。数据显示，近3年来，中央和国家机关新录用公务员九成来自非公务员普通家庭。

维护公平正义，还须反对特权现象。哪里有特权，哪里就有不公。在我国，任何组织和个人都没有超越宪法和法律的特权，所有公职人员都不得谋求法律和政策规定之外的任何私利和特权。但在现实生活中，一些干部搞特殊、耍特权，比如违规占有多套住房，违规占有公家车辆，以各种形式侵占公共利益、群众利益，明里暗里为子女亲属升官发财奔走，群众对此意见很大。如果干什么事都要靠关系、搞门道，有背景的就能得到更多照顾，没有背景的再有本事也无法出头，势必严重影响社会公平正义。应采取得力措施，

公务员招录程序逐步完善，从制度上保证了考试的公开公平公正。图为2013年山东省公务员考试笔试前考生紧张备考。

坚决反对和克服特权思想、特权现象。进一步完善权力制约监督机制，把权力关进制度的笼子里，保证权力依法运行，最大限度地防止公权私用变特权。

四、如何用法治守护公平正义

“公平正义是每个法律人的信仰。”这是北京市房山区人民法院法官厉莉的座右铭。在审理一起保险赔偿案的过程中，她勇敢挑战显失公平的行业规则，不仅使原告赢得了诉讼，更使中国保险行业协会修改了相关条款。她用自己的坚定与执著、果敢与担当，展现了法治在维护公平正义中的力量。

人们常说，司法是维护公平正义的最后一道防线。但这些年来，司法不公现象时有发生，引发人们的持续关注。“同案不同判，同罪不同罚”，“前门进后门出”的减刑假释等问题，一桩桩、一件件都在拷问着司法的公正性。如果守不住这道防线，就会纵容和放大社会不公，阻断老百姓维护权益的“正道”，造成严重的社会问题。正如一位思想家所说，犯罪好比污染了水流，而不公正的审判则好比污染了水

权威声音

努力做到每一个案件审理都要实现公正

◎**周强（最高人民法院院长）：**要实现“努力让人民群众在每一个司法案件中都感受到公平正义”的目标，各级法院就是要把每一个案件审理好，尤其是对当前社会关注的一些复杂、疑难、敏感案件，各级法院更要审理好。

◎**曹建明（最高人民检察院检察长）：**检察机关要牢固树立公平正义理念，从满足人民群众的司法需求出发，更加关注民生，更加关注人民各项权益的保障，通过扎扎实实办理好每一起案件，努力维护社会的公平和正义。

2009年9月，北京市开通了法院直播网，只要进入该网站就可实时旁听北京法院正在审理的案件。图为市民登录北京法院直播网查看庭审直播。

源。如何坚决维护法治的权威、尊严和公信力，让人民群众在每一个司法案件审理中都感受到公平正义，已成为当前必须解决的重要任务。

以公开促公正。公开透明才能公道公正，暗箱操作则会问题丛生。2009年12月，最高人民法院发布《关于司法公开的六项规定》，要求公开立案、庭审、执行、听证、文书、审务等方面内容，有力促进了司法在阳光下运行。今后将继续加大司法公开力度，完善公开审判和公开执行制度，推广庭审电视网络直播、网上晒判决书等做法，完善新闻发言人制度和人民陪审员制度，让司法公正成为人们看得见、摸得着、感受得到的东西。

以完善体制促公正。科学规范的体制和制度，是阻止金钱、权力、人情干扰司法公正的隔离墙。近年来，我国司法体制改革不断深化，推出一系列措施，向着“公正高效权威”的目标迈进。下一步的关键，是按照党的十八大要求，进一步深化司法体制改革，确保审判机关、检察机关依法独立公正行使审判权、检察权。进一步

重庆市云阳县启用"便携式法庭"巡回审判。这套审判工作装备配备了国徽、笔记本电脑、录音笔、法槌、审判使用的条幅、标牌等，以规范法庭场景设置、改善基层法官办案条件。

优化司法职权配置，创新和加强审判管理，改进司法权运行机制，完善内部和外部监督制约机制，确保司法公正不断向纵深推进。

以强队伍促公正。司法队伍头顶天平、手握准绳，是公平正义的化身。建设一支廉洁正派、执法公正的司法队伍，是维护司法公正的关键。这些年涌现了"柔情的女法官"陈燕萍、"法官妈妈"詹红荔、"全国模范检察官"郑喜兰等一批先进典型，同时也存在少数司法工作人员知法犯法、执法犯法、贪赃枉法，滋生了司法腐败，加强司法队伍建设的任务还很重。应强化职业道德建设，牢固树立公正、廉洁、为民的价值理念，注重教育培训和社会实践，加强纪律作风建设，加大对违纪违法行为的查处力度，切实提高维护社会公平正义的能力。

维护公平正义不只是司法部门的事情，全社会都应树立法治理念，增强遵法守法用法意识，自觉做公平正义的守护者。各级政府应依法行政，善于运用法治思维和法治方式深化改革、推动发展、化解矛盾、维护稳定。广大群众要依法维护自身权益，不断提高学习运用法律的能力，避免在维权的同时违法。社会舆论应依法、客观公正地进行监督，努力防止“权力”伤害“权利”现象的发生。

实现公平正义是一条很长的路，但前景必然越来越广阔。只要我们大家共同携手，持续努力，不断朝着更加公正和谐的社会迈

“法官妈妈”是许多少年对福建省南平市延平区法院法官詹红荔的称谓。从事少年审判工作10年来，她不仅兢兢业业地完成庭审工作，更将大量心血倾注在关爱青少年上。

进，我们每个人也必将赢得属于自己的美好人生。

相关链接

1.《十八大报告辅导读本》，人民出版社 2012 年版。

2.《中国梦》、《中国梦　我们的梦》、《中国梦　我的梦》，中共中央宣传部理论局编，学习出版社 2013 年版。

2 好日子一起过
——收入分配怎么改革

每到一年一度的全国“两会”，都有一些问题成为人们广泛关注的热点，但持续关注、热度不减的问题并不多，收入分配就是其中一个。据人民网“两会”调查，近 10 年收入分配关注度始终居高不下，2013 年又名列第二。调查显示，98% 的网友认为我国收入差距过大，许多网友期盼国家在收入分配制度改革上“动真格”。收入分配到底怎么改，关乎每个人的利益，牵动全社会的神经。

一、收入差距怎么估计

对目前我国收入分配的状况，可以讲四句话。

第一句话：差距依然较大。比如，劳动收入偏低，过去10年我国国内生产总值年均增长近8%，但劳动报酬没有同步增长，不少人感到自己的工资没有太大变化；地区差距大，就拿2012年来说，上海市城镇居民的人均月收入约为3349元，而甘肃省城镇居民只有约1436元，尽管有住房价格、生活成本等因素，近2000元的差距也不小；行业差距大，在银行、证券、保险等单位工作的人年收入一般不低于10万元，而从事农林牧渔业的人也就2万元多一点，相差近5倍。

同时，分配不合理的现象也比较突出。比如，一些垄断行业收入畸高、“天价工资”频频出现，一些领域“灰色收入”、“隐性收入”甚至非法收入大量存在，一些单位“同工不同酬”、多劳不多得，等等。对此，许多人表达了强烈的关注和忧虑。

第二句话：国家高度重视。为什么这么说？针对这些年来出现的收入分配问题，中央一直强调要加大收入分配调节力度，从提出效率优先、兼顾公平，到提出更加注重社会公平，再到提出初次分配和再分配都要处理好效率和公平的关系、再分配更加注重公平等，认识不断深化，政策力度也不断加大。党的十八大指

> **政策传真**
>
> **深化收入分配制度改革**
> **努力实现“两个同步”**
>
> 实现发展成果由人民共享，必须深化收入分配制度改革，努力实现居民收入增长和经济发展同步、劳动报酬增长和劳动生产率提高同步，提高居民收入在国民收入分配中的比重，提高劳动报酬在初次分配中的比重。
>
> ——摘自党的十八大报告

出，要着力解决收入分配差距较大问题，使全体人民共享改革发展成果，朝着共同富裕方向稳步前进。可以说，在解决收入分配问题上，党和国家态度是鲜明的、决心是坚定的。

2013 年部分地区
最低工资标准

单位：元

月最低工资标准		小时最低工资标准	
上海 *	1620	北京 *	15.2
深圳 *	1600	广东	15
广东	1550	天津 *	15
天津 *	1500	山东	14.5
江苏	1480	深圳 *	14.5
浙江	1470	上海 *	14
北京 *	1400	山西	14
山东	1380	江苏	13
辽宁	1300	辽宁	13
山西	1290	甘肃	12.7
河南	1240	四川	12.6
江西	1230	江西	12.3
四川	1200	浙江	12
广西	1200	河南	11.7
甘肃	1200	陕西	11.5
陕西	1150	贵州	11
贵州	1030	广西	10.5

注：除带 * 外，都为该地一类地区的最低标准。

第三句话：改革一直在路上。体现在哪些方面呢？比如连续多年提高最低工资标准，全国近 3 年年均增长 21.8%；比如全面取消农业税，加大农业补贴力度，近 5 年中央财政“三农”支出 4.47 万亿元，多渠道大幅度提高了农民收入；比如实施西部大开发等区域协调发展战略，加大国家投入和支持力度，中西部地区居民收入增长持续加快；比如建起了世界上覆盖人口最多的社会保障网，实现基本养老、基本医保制度和低保制度全覆盖；比如连续提高个税起征点，从 2008 年的 1600 元提高到 2011 年的 3500 元，并调整了税率结构，减轻了中低收入群体的税负。

第四句话：成效初步显现。根据 2013 年 1 月国家统计局通报，我国基尼系数已经呈现回落趋势，2008 年达到 0.491 最高值，之后逐年下降，2012 年为 0.474，说明收入差距扩大正在趋缓。还比如，城乡之间相对差距正在缩小。从 2010 年开始，农村居民收入增速

2012年，中国农村扶贫对象减少了2339万人，总规模下降到9899万人，占农村户籍人口的比例下降到10.2%。图为革命老区四川省达州市达县大堰乡卢岗村，通过实施“秦巴山区扶贫连片开发”后，面貌焕然一新。

超过城镇居民，城乡人均收入比从3.23倍降到3.1倍。可见，收入分配改革已经取得初步效果。

收入分配是关系国计民生的一件大事，一头连着人们的“钱袋子”、“好日子”，一头连着国家的发展大局与和谐稳定。必须从发展中国特色社会主义和实现中国梦的高度，深刻认识推进

基尼系数，是用于判断收入分配公平程度的指标。它是指在全部居民收入中，用于进行不平均分配的那部分收入占总收入的百分比。收入分配越是趋向平等，基尼系数越小；反之，收入分配越是不平等，那么基尼系数也就越大。

收入分配改革的重要性和紧迫性，以更大的决心、更有力的措施，切实解决收入分配差距问题，使全体人民逐步走上共同富裕的道路。

二、收入分配改革难在哪里

面对目前收入分配状况，许多人提出了这样的疑问：为什么改了这么多年，收入差距还这么大？要看到，收入差距过大是长期形成的，解决起来也不可能一蹴而就，只能通过不断改善社会收入分配结构，在促进社会财富增长的同时，逐渐缩小收入差距，最终实现共同富裕。收入分配改革在整个改革中处于核心部位，必然是一个理论和实践不断探索的过程，既缓不得也急不得。

网友网言

- 深化收入分配改革，提高低收入人口生活水平，使全民都能共享发展成果，这是国家走向繁荣稳定的最基本保证。
- 分配改革要稳中求进，停滞不前和急躁冒进，都不利于社会的整体稳定和协调发展，最终危害群众利益。
- 缩小收入差距是构建和谐社会的关键所在，是保障和改善民生的重中之重，是调整分配格局的当务之急。

实践表明，收入分配改革必须与经济发展程度相适应。目前，我国正处于爬坡过坎的关键阶段，经济发展水平总体还不高，手头的东西还不够多，深层次矛盾和问题日益凸显，各类社会群体的利益诉求也十分强烈，这些都会折射到收入分配领域里来，增加改革的难度。可以说，收入分配已成为各项改革中最难啃的一块“硬骨头”。

2012年9月1日，新个人所得税法实施满一年。这一年中，全国个税收入连续10个月下降，我国6000万人告别个税。图为一位市民正在申报缴纳个税。

难在“牵一发而动全身”。收入分配改革是一件全局性的大事，涉及范围广、层次深，单靠某一个领域、某一个部门难以完成。比如，要增加人们的收入，绝不是简单地多给点钱的问题，还需要进行相关领域体制机制的改革，包括改革现行的户籍制度、就业制度、税收制度、金融制度等。还要求加快实现基本公共服务均等化，解决教育、医疗卫生、养老等方面存在的不平等问题。只有通过一系列的改革，破除制度性壁垒，才能逐步改变收入差距较大的状况。

难在“触动利益比触及灵魂还难”。改革收入分配制度，就是要打破现有的利益格局，进行必要的利益调整。这些年来，由于政策不完善和执行监督不力，一些社会群体获取了过多不正当利益。打破利益格局的藩篱，必然会触及既得利益，其阻力可想而知。

难在监管跟不上。当前我国社会主义市场经济还不够成熟，相关法律和法规还不健全，导致一些隐性收入、非法收入名目繁杂、渠道混乱，手段五花八门，堵住这些漏洞还存在着不少困难。收入信息不透明，现金支付做法比较普遍，隐蔽性很强，使监管部门难以掌握准确情况，致使逃税漏税现象大量存在。

难在公平与效率的度不好把握。不能因为只顾效率而忽视公平，也不能为追求公平而放弃效率。这就像做蛋糕与分蛋糕，只注重做不注重分，大家意见就会很大，蛋糕也做不下去；只强调分得公平，也会影响人们的积极性，蛋糕也做不大。怎样在讲究效率的同时更加注重公平，考验着党和政府的智慧和能力。

当前，收入分配改革已经进入深水区，但再深的水也要蹚过去。必须以足够的勇气、智慧和韧性，打赢这场硬仗，坚决扭转收入分配差距扩大趋势，使发展成果更多更公平地惠及全体人民。

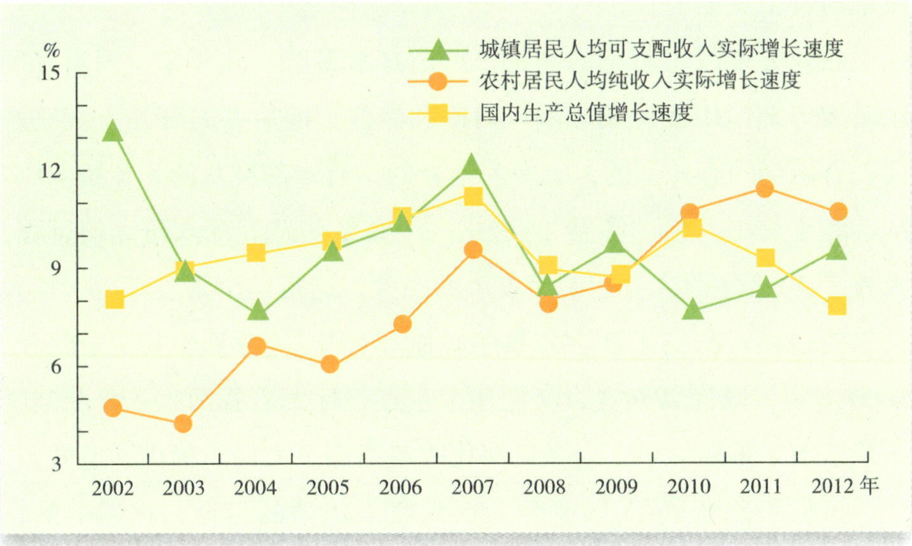

2002—2012 年我国城镇居民人均可支配收入实际增长速度、农村居民人均纯收入实际增长速度、国内生产总值增长速度对比图。

三、收入分配改革从何突破

2013年春节前夕，一个涉及亿万百姓利益的文件出台了。一石激起千层浪，社会各界广泛热议，许多专家学者进行深入解读，各大媒体进行报道评论，大量网民参与讨论留言，百度搜索相关信息多达566万多条。这个文件，就是国务院批转的《关于深化收入分配制度改革的若干意见》。

权威声音

努力把原则性要求细化为具体措施

◎**尹蔚民（人力资源和社会保障部部长）：**国务院已经批转了《关于深化收入分配制度改革的若干意见》，作出了一些原则性规定和要求。有关部门按照这些要求正在细化方案，凡是《意见》里涉及的，我们都会去推行、去实施。

收入分配改革意见的制定，可谓好事多磨。几年来，国家发展改革委等部门历经反复酝酿、讨论和修改，前后共召开几十次座谈会，有内部的有外部的，有专家学者的，有干部群众的，拟稿40多次，终于交出一份“答卷”。这是一个总结实践、深入研究的过程，吸收了30多年收入分配制度改革的经验；这是一个集思广益、扩大共识的过程，凝结了社会各界的心血和智慧。《意见》共7个部分、8000多字，既涵盖面宽，又把住了重点，标志着我国收入分配制度改革迈出了重要一步，为今后深化改革指明了方向、提供了遵循。

目标思路明确了。《意见》提出收入倍增的目标，强调中低收入者收入增长要更快一些；提出有效缓解城乡、区域之间收入差距大的问题，明显提升民生支出占财政支出比重，扩大中等收入群体，形成橄榄型的分配结构；提出明显改善收入分配秩序，合理调节过高收入，形成合理的收入分配格局。

近年来，我国逐步加大对民生的投入，提升民生支出在财政支出中的比重，人民生活水平显著提高。图为江苏省张家港市永联村几名小学生放学后准备乘坐校车回家。

原则要求明确了。《意见》提出“一个并存”，就是坚持按劳分配为主体、多种分配方式并存的分配制度；提出“一个并重”，就是坚持初次分配和再分配调节并重；提出完善“两个机制”，就是继续完善劳动、资本、技术、管理等要素按贡献分配的初次分配机制，加快健全以税收、社会保障、转移支付为主要手段的再分配调节机制；提出“三个重点”，就是增加城乡居民收入、缩小收入分配差距、规范收入分配秩序；提出“两个同步”，就是努力实现居民收入增长和经济发展同步、劳动报酬增长和劳动生产率提高同步。

政策措施明确了。《意见》针对人们关心的问题，既提出加强国有企业高管薪酬管理，又提出建立健全国有资本收益分享机制；既提出职工工资正常增长机制，又提出增加居民财产性收入；既提出集中更多财力保障和改善民生，又提出大力发展社会慈善事业；既提出农业补贴稳定增长机制，又提出合理分享土地增值收益；既提出维护劳动者合法权益，又提出打击和取缔非法收入，建立健全财产登记制度；既提出加强领导干部收入管理，又提出建立健全社会信用体系和收入信息监测系统，等等。

《意见》还明确提出，各地区、各部门要把落实收入分配政策、增加城乡居民收入、缩小收

专家评说

十年人均收入翻一番 既不难也不易

张卓元（中国社会科学院学部委员）： 从指标看，我们完全有能力实现这个目标，目标设定是合理的。同时，我国经济发展的动力和潜力都还很大，这也充分考虑了未来一段时间我国经济增长和老百姓生活改善的新格局。我国人均收入起点比较低，增收潜力很大。说不易，是因为过去低水平下收入的快速增长相对容易，在收入水平逐步提高后，再保持同样的速度，需要付出更大的努力。

目前，我国劳动收入在整个国民收入中的占比相对偏低，今后一个时期，要努力实现劳动报酬与劳动生产率提高同步。图为浙江省宁波市一家企业生产场景。

入分配差距、规范收入分配秩序作为重要任务，纳入日常考核，明确工作责任，强化监督检查，确保改革各项任务落到实处。

可以说，这个《意见》，勾勒了全体人民共同分享发展成果、向共同富裕迈进的路线图。只有深化认识、凝聚共识，制定科学的配套方案、实施细则和改革措施，才能将这一路线图最终变为现实。

四、收入倍增怎样实现

收入倍增，是党的十八大召开后的一个社会热词。人们津津乐道、充满期待。那么，收入倍增指的是什么呢？简要说，就是到 2020 年城乡居民人均实际收入比 2010 年翻一番。这里所说的“倍增”，指的是剔除物价上涨因素的实际增长。收入倍增，也是在缩小差距前提下的倍增，就是力争让中低收入者收入增长更快一些。

2012 年 4 月，浙江省温岭市新河镇南鉴村举行第五轮帽业行业工资集体协商。图为签字仪式。

美好的目标愿望，需要用扎实有效的改革措施来托起。现在，收入分配制度改革已经有了总体方案，但这个方案注重的是指导性、原则性，只是勾勒了一个大体框架。要看到，深入推进改革还有不少难题尚未破解，应制定更加具体、更加明确的政策，真正把“原则”转化为“细则”，抓好贯彻落实，让人们见到效果、得到实惠。

在宁夏回族自治区吴忠市，有一条残疾人创业街。从 2012 年起，来自宁夏中部干旱地区 44 名残疾人在这条街上开始了他们的致富梦想。图为一位残疾人在店铺为顾客介绍手工制作的精美地毯。

一是兜底，就是编织好安全网，使社会保障广覆盖、保基本。“十二五”期间，国家将进一步加大投入，推动社会保障体系实现全覆盖，做好城乡居民最低生活保障、社会救助、优抚安置等工作，兜住低收入和困难群体的基本需求，让他们有尊严地生活。

二是增收，就是合理提高劳动报酬，增加居民收入。根据经济发展、物价变动等因素，适时调整最低工资标准。到 2015 年，绝大多数地区最低工资标准，将达到当地城镇从业人员平均工资的 40% 以上。以非公有制企业为重点积极稳妥推行工资集体协商，到 2015 年集体合同签订率将达到 80%。对于农民增收问题，既要“输血”，更要培养“造血”功能，关键是通过新型城镇化建设，推进城乡发展一体化，建立起农民增收长效机制。

三是扩中，就是扩大中等收入者比重，形成两头小、中间大的橄榄型社会。推动农业劳动力向非农产业转移，加大农民工就业指导和服务力度，维护农民工合法权益，推进进城务工人员逐步融入城镇。加强职业教育和技能培训，提高广大劳动者素质。完善和落实工资正常增长机制，不断提高普通劳动者的收入水平。此外，还应创造条件让更多群众拥有财产性收入，使他们的收入得到稳步提升。

四是规范，就是大力整顿规范收入分配秩序。对部分过高收入行业的国有及国有控股企业，严格实行企业工资总额和工资水平双重调控政策。加强个人所得税调节，完善高收入者个人所得税的征收、管理和处罚措施，将各项收入全部纳入征收范围。同时，坚决打击和取缔非法收入，坚决堵住国企改制、土地出让等领域的漏洞，严打偷税漏税等非法活动，加强管理和监控，使收入分配秩序更加公开透明、公正合理。

专家评说

扩大中等收入群体是一项系统工程

苏海南（中国劳动学会副会长）：“扩中”是一项系统工程，需要多方面配合。首先应促使相当大部分低收入群体收入提高，进入中等收入人群；其次要调整产业结构，增加白领和技术工人的比重，扩大中等收入群体人员来源；再次，还要建立更广泛的社保体系，稳定中等收入群体比重等。

河北省泊头市蔬宝农业专业合作社共吸纳社员8000多户，2000多亩土地实现规模集约种植，每亩地年增收300多元，用“土地入股”的农民每亩地年分红920元。图为合作社股东高兴地数着刚领到的分红金。

收入分配制度改革，已经走在路上，正在加快着步伐，必须坚定不移地往前走。只要我们共同努力，坚持不懈地深化改革、扎实巩固地深化改革，一个更加合理的国民收入分配格局将逐步形成，人们共享美好生活的梦想也将变为现实。

相关链接

1.《习近平在武汉召开部分省市负责人座谈会时强调 加强对改革重大问题调查研究 提高全面深化改革决策科学性》，《人民日报》2013年7月25日。

2.《关于深化收入分配制度改革的若干意见》，人民出版社2013年版。

3.《关于2013年深化经济体制改革重点工作的意见》，《人民日报》2013年5月25日。

3 用行动建设美丽中国

——环境恶化怎么扭转

2013 年以来，我国中东部地区多次出现大范围雾霾天气，持续时间之长、影响范围之广，前所未有。许多地区都发布了雾霾橙色预警，部分城市细颗粒物即 PM2.5 浓度，一度接近 1000 微克 / 立方米，空气处于极重污染中，引起人们的普遍关注和强烈担忧。

环境恶化的严峻现实，社会公众的焦虑和期盼，深深牵动着党和政府的心。党的十八大作出建设生态文明的战略部署，提出建设美丽中国的目标，凸显出中央对环境治理的坚定意志和决心。建设天蓝、地绿、水净的美好家园，既是党和政府的紧迫任务，也是全体社会成员的共同责任。

一、环境污染究竟到了什么程度

“70年代淘米洗菜，90年代水质变坏，到了现在鱼虾绝代。”这个顺口溜是人们对几十年来水污染的直观感受，也从侧面形象地反映了我国环境恶化的过程。

为改变这种状况，近年来中央采取一系列重大举措，取得初步成效。“十一五”以来，初步建成全国环境监测和污染源自动监控网络，解决了2.15亿农村人口饮水安全问题，二氧化硫等主要污染物排放量下降。但环境好转只是局部性的，总体恶化的趋势尚未得到根本遏制，环境矛盾凸显，压力继续加大，形势十分严峻。

——空气持续恶化。目前，我国70%左右的城市空气质量达不到新的环境空气质量标准，雾霾天气频繁发生。京津冀、长三角、珠三角等区域空气污染严重，一些城市灰霾天数达100天以上，个别城市甚至超过200天。全国酸雨污染仍然较重，酸雨区面积约占国土面积的12.2%。此外，有的地方还出现了光化学烟雾污染。现在，在一些城市，呼吸上新鲜空气已经成为一种奢求。

——水污染日益严重。我国当前70%江河湖泊被污染，75%的湖泊出现不同程度的富营养化，90%流经城市的河段受到严重污染。一些地区的地下水已

2013年年初以来，我国发生大范围持续雾霾天气，受影响面积约占国土面积的1/4，受影响人口约6亿人。

知识点

细颗粒物，是指大气中直径小于或等于2.5微米的颗粒物，也称为可入肺颗粒物，直径还不到人的头发丝粗细的1/20。细颗粒物含有大量的有毒、有害物质且在大气中停留时间长、输送距离远，因而对人体健康和大气环境质量的影响更大。

酸雨是指pH值小于5.6的雨雪或其他形式的降水。雨、雪等在形成和降落过程中，吸收并溶解了空气中的二氧化硫、氮氧化物等物质，形成了pH值低于5.6的酸性降水。我国的酸雨主要是因大量燃烧含硫量高的煤而形成的，各种机动车排放的尾气也是形成酸雨的重要原因。酸雨易导致土壤贫瘠化，影响植物正常发育，污染地下水。

光化学烟雾又称“光化学污染”，是大气中因光化学反应而形成的有害混合烟雾。如大气中碳氢化合物和氮氧化合物在阳光的作用下起化学反应所产生的化学污染物，会对环境和健康产生破坏作用。

经恶化，国土资源部2012年公报显示，全国198个地市级行政区4929个监测点，近六成地下水为“差”，其中16.8%监测点水质呈极差级。在一些主要城市及近郊地区地下水中，已检测出有毒微量有机污染指标。

——重金属污染呈现高发态势。随着我国城市化的推进，化工污染成为重大污染源，镉、砷、铅、铬、汞等重金属污染严重，在对水体造成污染的同时，也成为土壤中长期存在的“毒瘤”。从不断发生的“血铅事件”到震惊全国的“镉大米风波”，重金属污染的警钟频频敲响。

专家评说

不少地方环境容量逼近临界点

夏光（环境保护部政策研究中心主任）：近年来，我国发展速度很快，每年新增的产能很大，新增加的排放也很多，而我们的环境容量是个定数，环境承载力有一个边界。现在可以说不少地区环境容量已经逼近临界点，甚至污染超过了环境承载力。这就直接体现出经济社会发展与环境之间的紧张关系。

湖北省十堰市郧县加强汉江湿地保护，着力修复水域生态，落实汉江治污措施，目前汉江沿岸生态环境大有改观，已成为鸟类的最佳栖息地。图为成群崖沙燕栖息在汉江郧县段的江滩上。

环境是人的生存之本、发展之基。环境问题牵一发而动全身，关系人民福祉，影响社会稳定，关乎民族未来。

环境恶化直接危害人的健康乃至生命。在我国一些地方，污染事故频发，对人体健康造成严重危害，有的地方已经出现“癌症村”。2013年1月初，全国肿瘤登记中心发布的2012年年报显示，我国每年新发肿瘤病例约为312万例，平均每天8550例，每分钟有6人被诊断为癌症。专家分析，肿瘤患者增加与环境日益恶化等因素有关。

环境污染大多难以恢复，有的破坏具有毁灭性。一些河流、土壤受到污染后，不能继续使用。有的即使用上百年时间治理，也恢复不了原状；有的虽然可以通过科技手段进行修复，但代价十分高昂，如江西某地区因为稀土开采造成的环境污染，治理费用就需要高达380亿元。长此以往，不仅使当代人蒙受巨大损失，更会殃及子孙后代。

污染问题表面看是环境问题，但却是涉及社会稳定、民众福祉的重大问题。自 1996 年以来，我国在信访总量、集体上访量、群体性事件发生量实现下降情况下，因环境问题引发的信访和群体性事件却以每年 30% 以上的速度在上升，深刻说明了环境问题的敏感性和尖锐性。如果任由环境恶化趋势蔓延，很可能会积聚社会不满情绪，对社会和谐稳定造成重大冲击。

二、环境恶化症结在哪

环境保护是我国的一项基本国策。近 10 多年来，中央从加快转变经济发展方式、推动科学发展的战略高度，明确提出要加大环境保护力度，走可持续发展之路，并作出一系列重大部署，力度不可谓不大。

各地党政部门对贯彻落实中央重大决策部署表态也是坚决的。"既要金山银山，也要绿水青山"写进了文件讲话、贴在了大街小巷，成为人们耳熟能详的流行语。

截至 2013 年 3 月底，全国市、县累计建成城镇污水处理厂 3451 座，污水处理能力约 1.45 亿立方米 / 日，全国城市污水处理率由 2005 年的 52% 提高到 2012 年的 85%。图为正在运行中的江西省都昌县污水处理厂氧化池。

然而，在许多地方仍然存在

“大气污染靠风刮、江河污染靠冲刷”的落后状态，环境状况日益恶化，大家的感受也越来越差。人们不禁要问，既然上上下下经过这么多年的努力，为什么没有换来天蓝、地绿、水净，而是陷入越治越差的怪圈？

知识点

八大环境公害事件

从20世纪30年代开始，在世界范围内由于环境污染而造成了八次轰动世界的公害事件，分别为：比利时马斯河谷烟雾事件、美国的洛杉矶光化学烟雾事件和多诺拉烟雾事件、英国伦敦烟雾事件以及发生在日本的四日市哮喘病事件、熊本县水俣病事件、爱知县米糠油事件和富山县“痛痛病”事件。

客观上讲，环境污染是经济社会发展到一定阶段的产物。国际经验表明，当工业化处于中期时，由于人口迅速膨胀、城市化进度加快、资源消耗大量增加，不可避免会造成对环境的污染和破坏。比如，自19世纪末期开始到20世纪80年代，欧洲莱茵河就遭受到严重污染，大量的工业垃圾和生活污水同时向河里倾泻，莱茵河一度被称为“欧洲下水道”、“欧洲公共厕所”，河流中生物物种明显减少，鱼和其他水生动物大量死亡。

要看到，尽管我国已成为世界第二大经济体，但由于发展质量水平不高、核心竞争力不强，我国长期处于全球价值链的中低端，承接比较多的是一些高消耗、高污染的产业。更要看到，发达国家一两百年工业化过程中不同阶段出现的环境问题，在我国集中出现。历史遗留的环境问题尚未根本解决，新的环境问题接踵而至。有人讲，发展就是燃烧，烧掉的是资源，留下的是污染，产生的是“GDP”。在现阶段，我国经济发展的任务十分繁重，发展方式仍然比较粗放，经济增长与环境保护的矛盾十分尖锐。据统计，我们每单位国内生产总值的废水排放量比发达国家高4倍，单位工业产值产生的固体废弃物比发达国家高10多倍。虽然我们也在加快转变经济发展方式，但这种转变不是一朝一夕之功，不可能一蹴而就，需要经历一个长期艰巨的过程。

发展阶段固然不可超越，但发展是不是就必须搞得污水横流、臭气熏天？透析这些年发生的许多环保事件，污染并非都是必然发生的，其中也有不少主观因素。

一是衡量政绩过于看重“GDP”，致使地方政府不惜“血本”上项目。政绩考核指标是一只无形的手，这只手指向哪里，地方政府的工作重心便会偏向哪里。目前考核政绩比较看重“GDP”，有的简单地以“GDP”论英雄。为了“政绩”，一些地方不顾自己的能源和产业基础，盲目拉投资、建工厂，忽略了环境承载能力。另外，在很多地区，一些污染企业还是纳税大户，甚至是当地的财政支柱，对这些企业“下死手”，无疑会断了自己的“财路”。对一些地方政府而言，宁愿舍弃生态环境和公众健康，也要保住“乌纱帽”、留住“财神爷”。说到底，就是没有真正树立科学的发展观和政绩观。

国家把节能减排作为经济社会发展规划的约束性指标，加快淘汰落后产能，调整产业结构。图为2013年3月8日，建于1958年的安徽省铜陵市建华窑厂50米高的轮窑烟囱定向爆破拆除成功。

我国目前风电并网装机规模世界第一，成为我国继火电、水电之后的第三大电源。图为内蒙古自治区乌兰察布市察右中旗辉腾锡勒草原上的风电场。

二是环保部门不敢管、管不了，监管职能难以发挥。由于基层环保部门隶属地方政府，环保局长不得不听命于地方党政一把手。一些地方领导也常常以"挪位置"、"摘帽子"等手段干扰环境执法，致使环保局长"顶得住的站不住，站得住的顶不住"。"不让项目'上马'，我就得'下马'"，环保局长也有苦衷。即使一些环保局长敢于挺身而出、严格执法，但由于技术落后、手段缺乏等原因，这样的"小马"也难以"拉大车"。

三是污染企业违法成本低，手段隐蔽。由于我国现行法律对污染处罚标准偏低，导致许多企业宁愿罚款也不购买使用治污设备，即使买了也当成摆设。遇到执法检查时就"开机欢迎"，过后就"关机休息"。发生污染事件后，也很少追究民事责任和刑事责任，这就必然会助长不法者"有钱就能摆平一切"的心理。更有一些企业丧失道德底线，有的从别的管道偷排污水，有的在检测设备上做手脚，有的甚至将污水直接灌入地下。

到底是要经济发展，还是要碧水蓝天？二者能不能兼得，是对各级党委政府的重大考验。我们必须牢固树立保护生态环境就是保护生产力、改善生态环境就是发展生产力的理念，坚持节约资源和保护环境的基本国策，加快转变经济发展方式，积极调整经济结构，推动产业优化升级，着力推进绿色发展、循环发展、低碳发展，从源头上扭转生态环境恶化趋势，走出一条在发展中保护、在保护中发展的新路子。当前的关键，就是要抓住环境保护工作中的突出矛盾和问题，尽快推出符合实际、管用有效的举措，让人们看到环境治理实实在在的成效。

权威声音

切实抓好突出环境问题

◎**周生贤（环境保护部部长）：**要继续按照全面推进、重点突破的工作思路，切实抓住影响科学发展和损害群众健康的突出环境问题，以节能减排作为环保工作的硬抓手，突出抓好以治理 PM2.5 为重点的大气污染防治，深化认识、振作精神、锐意创新、有所作为，在现有基础上不断开创新局面，为早日实现天蓝地绿水清的梦想而努力工作。

三、为何说环境监管能力亟须突破

监管是环保工作的“千里眼”，肩负着生态“守护神”的重要使命。缺乏有力的监管，再好的法律、再严的政策也会落空。

这些年来，中央高度重视加强环境监管能力建设，环保部组织编制发布了《国家环境监管能力建设“十二五”规划》。当前，我国环境监测预警体系和环境执法监督体系基本建立，环境管理基础设施逐步完善，环境监管水平得到提升。但是由于环境保护涉及面比较广，全面加强监管也面临不少“瓶颈”，亟须突破。

理顺环保管理体制。针对环保监管体制不顺、职责不清的问题，不少专家建议推行环保系统垂直管理。在这方面，一些地方已经进行了有益尝试，如陕西省自 2002 年 8 月起，对市以下环保行政管理系统开始实行垂直管理；沈阳市环保系统 9 区和 4 个开发区分局自 2008 年就实现了垂直管理。这样做，有利于上级环保部门将管事与管人统一起来，推动形成办事高效、运转协调、行为规范、监管统一的环保行政管理运行机制，使环保部门的监管“一竿子插到底”，增强了环保监管的权威性实效性。

> **政策传真**
>
> **严格实施《重点区域大气污染防治“十二五”规划》**
>
> 《规划》首次提出大气污染治理实施联防联控与属地管理相结合，并规划了京津冀、长三角等 13 个重点区域，其中京津冀、长三角、珠三角区域要求细颗粒物 PM2.5 年均浓度下降 6%。这是史上最严格的大气污染防治综合性规划。从 2013 年起，国家有关部门将对《规划》实施进行年度考核，2016 年对《规划》实施情况进行终期评估与考核，年度考核与终期评估结果向国务院报告，并向社会公布。

建立联防联控机制。污染无地界，环境治理不能靠一省一市“单打独斗”，而必须联手行动。莱茵河的治理就得益于沿岸国家的联合行动，他们制定并严格实施《2000 年前莱茵河行动计划》，仅用了 10 多年时间，就实现了整治和生态恢复的预定目标，沿河森林茂密，湿地发育，水质清澈洁净。当前我国一些地方，比如京津冀、长三角等地，都在积极探索区域协同治理。应认真总结国内外的治理经验，在全国尽快建立统一规划、统一监测、统一监管、统一评估、统一协调的区域大气、河流污染联防联控工作机制，既强化属地管理、各负其责，又加强区域联动、整体配合，共同提升环

重点区域以及直辖市和省会城市共74个城市496个监测点位已按新标准开展监测，并于2013年1月1日开始实时发布数据。图为河南省郑州市环保局的工作人员在调整PM2.5监测设备。

境质量。

加强基础设施和人才队伍建设。加大环境遥控监测基础设施建设，完善环境监控网和应急网络，实现环境在线监测自动化，提高环境监测水平。以信息网络设施和能力建设为基础，以环保电子政务和业务应用系统建设为重点，提升监管体系的信息化水平。建立人才培养长效机制，健全业务培训机制，不断提高环保队伍的整体业务素质。

严格问责机制。责任重于泰山，一起起严重污染事件的背后，是对国家发展和人民生命的极度不负责任，应严格排查污染中的“人祸”因素，严格追究相关部门和人员的责任。地方政府对当地环境质量负总责，落实企业治污主体责任。扩大问责范围，将所有环境管理中的失职渎职行为、所有承担环境保护之责的官员，都纳入追责范围。增加问责主体，不能只是由政府说了算，其他相关部门也要能够参与，同时鼓励民间环保组织作为第三方，对各地环保治理进行专业评估，定期向社会公布。加大追责力度，对那些不顾生态环境盲目决策、造成严重后果的人，必须追究其责任，而且应该终身追究。

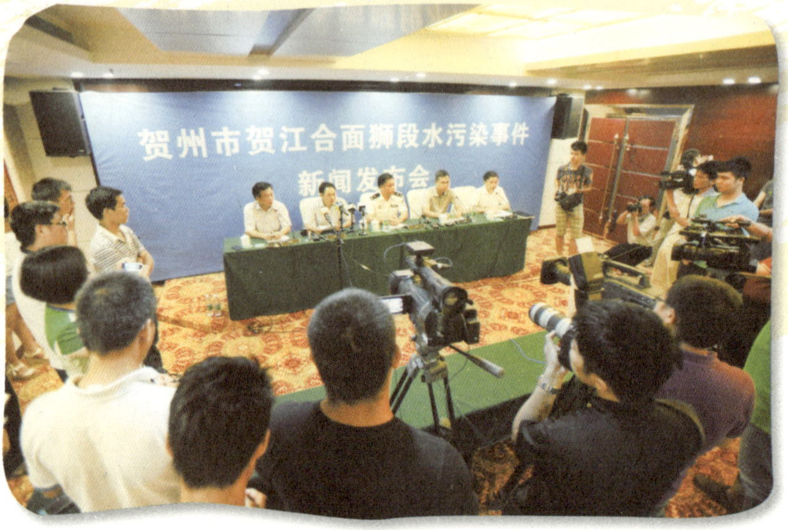

有效监督和制约忽视环境、污染环境和破坏环境的行为，使之得到及时揭露和批评、无所遁形。图为2013年7月8日广西壮族自治区贺州市政府召开新闻发布会通报水污染事件。

四、为何治理环境需用“重典”

没有规矩，不成方圆。法律作为一种刚性约束和制度保证，能够有效克服人为干扰的随意性。把环境保护纳入法治化轨道，是解决污染问题的根本之策。

他山之石，可以攻玉。伦敦曾经是著名的雾都，1952年伦敦烟雾污染事件后，1956年英国政府首次颁布《清洁空气法案》，1974年出台《空气污染控制法案》，1997年又出台《空气质量法》等。如今，伦敦的空气达到了欧盟标准，雾都“奇观”已不复存在。此外，美国、日本等国，也都是通过法治的办法从根本上扭转了环境恶化的趋势。

改革开放以来，我国在环境领域的立法、执法等方面也做了大量工作，比如有关环境保护的法律法规就制定了近30部，立法速度居各部门法之首，但人们普遍感到环保官司仍然难打。据统计，

"十一五"期间，环境信访30多万件，行政复议2614件，相比之下，行政诉讼只有980件，刑事诉讼只有30件，而真正通过司法诉讼渠道解决的环境纠纷不足1%。

为什么通过法律途径解决问题这么难呢？这是因为我国现行的环保法律还存在不少"短板"。有的环保问题无法可依，比如我国保护土壤环境的法律基本空白，标准体系也不健全，可操作性不强。有些内容已不能适应新形势需要，标准过低、尺度过宽，比如按原有法律，对水污染企业最高只能开出100万元罚单，按最新修订的《水污染防治法》，最高也仅处以违法损失30%的罚款。此外，环保法律之间相互衔接不到位，不能有效形成执法合力。

> **专家评说**
>
> **环境保护需要新的法律制度创新**
>
> **王灿发（中国政法大学环境法学教授）：**我国现有的法律制度执行了二三十年，结果环境还是越来越恶化。环境保护需要新的法律制度创新，亟待确立环境保护优先、风险防范、不得恶化、社会责任四个原则。环境权是一项基本人权，包括清洁空气权、清洁水权、宁静权、欣赏优美风光权等，人人都应该享有在良好的环境中工作和生活的权利。

解决好这些问题，需要付出更多努力，形成覆盖环境保护各个领域、门类齐全、功能完备、措施有力的环境政策法制体系，真正把环境治理纳入法治化轨道。

加强重点领域立法。最严格的制度、最严密的法制，是生态文明建设的可靠保障。2013年6月，最高人民法院、最高人民检察院公布了环境污染犯罪司法解释，对环境污染犯罪的定罪量刑标准作出了新的规定，扩大了犯罪认定的范围，降低了入罪的门槛。下一步还要抓紧填补法律上的空白和漏洞，加快研究制定污染物总量控制、饮用水水源保护、土壤环境保护、环境污染损害赔偿等法律法规，修订《环境保护法》、《大气污染防治法》、《固体废物污染环境防治法》、《环境影响评价法》等法律，推动形成比较完备的环境法律法规框架，真正做到有法可依。同时加快建立环境影响评价公众参与机制，严把准入关；完善污染企业退出机制，让那些以身试法者受到严厉处罚，永远不得再从事这一行业。

> **知识点**
>
> **环境公益诉讼**
>
> 环境公益诉讼是指社会成员，包括公民、企事业单位、社会团体，依据法律的特别规定，在环境受到或可能受到污染和破坏的情形下，为维护环境公共利益不受损害，针对有关民事主体或行政机关而向法院提起诉讼的制度。实践证明，这项制度对于保护公共环境和公民环境权益起到了非常重要的作用。

加大环境执法力度。法律的生命在于实施，法律的权威在于执行。生态环境保护就是不能越雷池一步，否则就应该受到惩罚。2013 年以来，公安部门重拳打击污染环境犯罪，共抓获犯罪嫌疑人 118 人，起到了有力的震慑作用。各级环保部门应敢于拿起法律这个武器，切实做到执法必严、违法必究，决不允许搞变通、打折扣，视法律法规为儿戏。把日常执法检查与环保专项行动结合起来，实施跨行政区执法合作和部门联动执法。健全执法程序，规范执法行为，建立执法责任制。

推动环境公益诉讼。司法诉讼是追究责任、索取赔偿、维护公民环境权益的重要保障。应尽快建立起配套完备的公益诉讼法律，健全环境公益诉讼程序，为开展公益诉讼提供依据。完善环境污染损害赔偿等制度，积极开展环境污染损害鉴定评估，健全环境损害赔偿机制。实施生态环境保护法律援助、进行司法救济，提供必要经费支持。

五、为何美丽中国需要美丽你我

面对严重的环境污染，很多人心里都不免会有这样那样的想法，有的人埋怨企业，有的人埋怨政府，这些都是可以理解的。但是大家往往忽略了这样一个事实：我们每个人既是良好生态的享有者，同时也是环境污染的制造者。看一看下面的事实就不难发现，环境污染其实人人都有份儿。

先看看我们的居家生活。随着我们生活条件好转，各种各样的消费品也日益增多，一方面满足了我们吃喝拉撒睡的需求，另一方面也在产生大量的生活垃圾。比如，北京的生活垃圾量增长惊人，这几年每年约有 700 万吨，相当于三座景山。据统计，全国 2/3 城市都处于垃圾包围之中，垃圾围城成为一种顽疾。这些堆积如山的

2013 年 6 月 4 日，河北省邯郸市罗三社区居民开展“从我做起、从小事做起、保护环境、节约节能”活动，迎接世界环境日。图为罗三社区居民在观看居民自制的浇花器。

2013年6月30日是第三个“浙江生态日”，来自全国各地的3000多名身穿绿色T恤的环保志愿者，骑着贴有环保标志的公共自行车，以实际行动倡导“低碳出行从我做起”的绿色理念。

垃圾严重污染土壤和地下水，释放大量有害气体，给我们的生存环境带来严重危害，被称为潜伏在城市里的巨型“炸弹”。

再看看我们的出行。现在很多人习惯出门就开私家车，觉得这样既方便又体面。殊不知方便舒适之处，也是污染加重之时。比如，北京现在机动车保有量已经超过520万辆，私家车数量超过7成，成倍增加的汽车尾气排放，正是PM2.5的主要来源之一。尽管北京公共交通数量已在世界上数一数二，但人均每日使用公共交通状况仅为香港的56%。如果大家都能够做到少开车，多坐公共交通工具，就可以大大减少汽车尾气的排放，降低对空气的污染。

最后来看看在工作中造成的污染。很多办公场所，即使大白天光线充足，也依然灯火通明；下班后空调照转，电脑照开，耗电多少没人在意。据资料显示，每生产2500度电需要消耗1吨煤，1吨煤的生产会造成2.4吨水资源的破坏，而这1吨煤燃烧可产生24公斤的二氧化硫和30公斤的烟尘，用电浪费对环境造成的危害可见一斑。除此之外，废旧纸张、废弃电脑等对环境的影响也不容小视。

众人拾柴火焰高。扭转环境恶化的趋势，是政府和企业的责任，更需要全社会“同呼吸、共奋斗”，需要每一个人从自身做起，从小事做起。能不能自觉做到垃圾分类、不随意丢弃？能不能少开一天车，自觉做到绿色出行？能不能实行无纸化办公，自觉做到少用一张纸？能不能出门关灯关空调，自觉做到少用一度电？……我们相信，每个人的一小步，都是迈向美丽中国的一大步。

相关链接

1.《习近平在中共中央政治局第六次集体学习时强调 坚持节约资源和保护环境基本国策 努力走向社会主义生态文明新时代》，《人民日报》2013年5月25日。

2.《关于办理环境污染刑事案件适用法律若干问题的解释》，人民网。

4 扣紧“舌尖上的安全阀”

——食品安全怎么监管

2012年，一部纪录片《舌尖上的中国》红遍大江南北，很多观众沉醉于中华美食的独特魅力，甚至直呼“口水止不住”。然而面对生活中舌尖上的安全问题，人们又不禁感叹：荧屏上佳肴令人回味无穷，现实中问题食品却让人心惊肉跳。民以食为天，食以安为先。食品安全关系每个人的健康和生命。如何让人们吃得放心、吃得安全，是政府必须承担的重要职责。

一、食品安全问题为何频发

这几年，从“三聚氰胺”到“问题酸奶”，从“瘦肉精”到“速生鸡”，从“毒生姜”到假羊肉……问题食品频频曝光。2013年以来的短短几个月，曝光的食品安全事件已经超过2012年全年总数，说明了食品安全的严峻形势。“一波未平、一波又起”，不断刺痛人们的敏感神经，考验着公众的心理承受力。

严厉打击食品安全犯罪

2013年2月3日，公安部公布了6起打击食品安全犯罪典型案例。

1. 辽宁省升泰肉制品加工厂特大制售有毒有害羊肉卷案。
2. 北京市阳光一佰生物技术开发有限公司特大制售有害保健品案。
3. 浙江省温州市李某等特大制售假洋酒案。
4. 湖北省襄阳市公安机关捣毁制售假劣饮料“黑工厂”。
5. 宁夏回族自治区银川市公安机关打掉制售“毒豆芽”黑作坊。
6. 山东省潍坊市文某某等制售病死猪肉案。

针对这种情况，国家采取了一系列保障食品安全的举措。2009年颁布《食品安全法》，2010年成立国务院食品安全委员会，2011年建立国家食品安全风险评估中心，2012年出台《国务院关于加强食品安全工作的决定》，2013年又成立了国家食品药品监督管理总局。经过不懈努力，食品安全状况有了较大改善。

虽然如此，各种食品安全问题还是屡屡出现。我国是食品生产消费大国，全国13亿多人每天消费40亿斤食品。尽管不合格产品比例小，但绝对量不少。仅2012年，就侦破食品安全犯罪案件9700余起。

在生活水平大大提高的今天，为什么会有这么多食品安全问题？当前，我国正处于经济社会深刻变革时期，从食品行业来说，正处于从保障食品供应转向保障食品安全的过程中。食品产业层次不高，生产经营单位规模小、数量多、分布散，从业人员素质相对较低、缺乏法律意识和道德约束。面对这些情况，我们的制度设计和手段仍然有许多不适应。

监管体制缺陷。我国食品安全监管，实行的是分段监管为主、品种监管为辅。对食品进行监管的部门多达15个，难免出现职责不清、责任不明、多头管理的问题，往往有利的时候争着管，没利的时候往后闪，出现问题时互相推诿，“政出多门”却“问责无门”，容易产生“人人都管事、事事无人管”的监管盲区。

政策传真

《国务院关于加强食品安全工作的决定》的有关措施

1. 进一步健全食品安全监管体系；
2. 加大食品安全监管力度；
3. 落实食品生产经营单位的主体责任；
4. 加强食品安全监管能力和技术支撑体系建设；
5. 完善政策法规、资金投入、科技支撑等相关保障措施；
6. 动员全社会广泛参与；
7. 加强食品安全工作的组织领导。

执法问责不严。法不足畏往往使一些人唯利是图、知法犯法。如对不法企业的经济处罚，2011年以前上限为“货值金额十倍以下”或“十万元以下”罚款。在实际执法中，以罚代刑时有发生，有的该重罚的却“蜻蜓点水”，有的该承担刑事责任的却“一罚了之”，甚至有的执法人员置法律权威于不顾，“睁只眼、闭只眼”，

专家评说

食品安全必须零容忍

陈君石（国家食品安全风险评估专家委员会主任委员、中国工程院院士）：食品安全管理的核心是风险控制，今后的监管必须放弃以“抽样、检测”为主的方式，而应升级为以“过程监管”为主。食品安全没有零风险，但是必须零容忍。

从2012年7月1日起，我国《有机产品认证实施规则》全面实施，消费者购买有机产品时应认准认证标志、编号等，还可凭编号在网上查询产品的真伪。图为江苏省盐城市市民在一家超市选购有机食品。

有法不依、违法不究。

监管能力不足。与食品安全严峻形势相比，监管能力还存在不少“短板”。如监管人手不够，执法装备匮乏，仅“眼观目测”难以发现安全隐患；安全标准、检验检测、风险监测等技术体系还不完善，很难做到事前防范、科学管理，时常出现“心有余而力不足”的情况。

二、为何说食品安全重在监管

问题食品的出现，原因虽然很多，但有一点是共同的，即都是逃过政府监管“跑出来”的。如果监管到位，企业就不敢生产问题食品，即使生产了，也到不了公众餐桌上。

在市场经济条件下，企业作为市场主体，其本性是追求利润最大化，利大大干、利小小干、无利不干。特别是在当前，我国社会

近年来，各地加大食品安全宣传力度，开展食品安全知识进社区、进学校、进农村、进企业、进景区、进工地活动，宣传《食品安全法》及配套的法律法规和科普知识。图为北京市东城区食品安全办公室组织的宣传活动。

主义市场经济体制还不完善，诚信体系还不健全。于是，一些企业为牟取暴利而失去良知，想方设法规避监管，处处找空子、钻漏洞，甚至明知有毒还制售有害食品。

由此可见，虽说食品行业是良心行业，但仅靠企业自律是远远不够的。必须加大政府监管力度，充分发挥监管这只“有形之手”的作用，对食品行业中疯狂逐利的不法分子严惩不贷，引导食品企业良性发展，确保生产经营的食品放心、安全。只有让不法分子“不敢犯”、“不能犯”，广大消费者“才敢吃”、“吃得安”。

监管是保障食品安全的关键所在。不论是发达国家食品安全状况的由乱到治，还是国内这几年食品安全形势的逐渐好转，都与食品安全监管从无到有、不断强化紧密相关。

2013年全国食品安全宣传周暨全国公安机关打击食品犯罪保卫餐桌安全专项行动成果展示活动主会场仪式，在辽宁省沈阳市五里河奥体中心广场举行。

在宁夏回族自治区西海固地区，当地许多农村学校为了确保免费午餐的食品安全，让免费午餐更加透明化，邀请家长代表介入免费午餐的制作过程，确保孩子们吃得安全、舒心。图为2013年3月20日当地某小学家长和孩子们一起排队打饭。

从国外看，发达国家百年食品产业发展史，也是食品安全监管体系日益严密健全的过程。以美国为例，1906年之前同样面临各种食品安全问题，小说《屠场》便描述了“毒死的老鼠被掺进绞肉机”等情节。面对这种“令人作呕的状况”，美国政府成立了食品药品监督管理局，出台《纯净食品和药品法》等。经过100多年的完善，美国建立起覆盖全国的立体式、全方位监管网络，有效解决了食品安全问题。

从国内看，这几年一些地方为强化监管，进行了有益探索。比如，广东深圳、顺德成立市场安全监督局，陕西渭南成立食药监管委员会等。以渭南为例，2011年在该市食品药品监管局基础上组建的食药监管委员会，增加了农产品、食品生产和流通、生猪及牛羊屠宰等监管职能，成立农产品食品执法监察支队，公安局增设食品安全侦查大队。在强有力的监管之下，2012年该市未发生一起食品安全事故。

三、监管体制怎么无缝衔接

在我国，按照原有的监管体制，食品最初的种植养殖由农业部门管，加工生产归质监部门管，流通销售是工商部门管，餐饮单位由食品药品监管部门管，中间还涉及公安、商务、卫生等部门。

这种分段监管体制，原本是为了形成合力，但在各分段之间也出现了不同程度的“缝隙”，存在着监管盲区。如豆芽菜是农产品，但如果是企业或作坊生产，前店后厂、现做现卖的，就会涉及农业、工商、质监等多个部门。这种情况，被很多人称为“九龙治水”。

九龙治水，水患难除。整合监管主体，减少监管环节，分清监管职责，建立无缝衔接的监管体制，成为强化监管的必然选择。从国际经验来看，建立由一个主要部门统管的体制是普遍做法，加拿大、德国等都是这种体制，爱尔兰、丹麦等也陆续将名目繁多的监管机构归于统一。

那么，如何理解监管体制的无缝衔接呢？“无缝衔接”，通俗地说，就是要做到横向到边、纵向到底。首先，将以前分散在各部门的监管职责整合起来，消除食品生产、流通、消费等环节之间的缝隙，实现从田间到餐桌的统一监管。其次，从中央

网友网言

- 千句狠话不如管理常态化。保障食品安全，既需要专项治理的狠狠打击，也需要日常监管的时时盯梢，还需要企业和从业者的良心保障。
- 食品生产是个良心活，但良心的盾牌并非总是可靠，只有法律站稳了阵脚，良心才不至于在利益面前无限后退。
- 杀鸡儆猴用牛刀，重典治乱治人，看谁还敢飞蛾扑火，以身试法。
- 苍蝇不叮无缝蛋，黑心油乘虚而入，钻的正是食品检测的技术空子。面对假冒伪劣“升级”，安全检测必须“更新换代”。

权威声音

保障食品安全是政府的重要职责

◎**韩长赋（农业部部长）：** 食品安全问题关系人民健康，关系小康生活，应该作为政府的重要职责。我们要常抓不懈，从根本上保持农产品和食品的质量安全，让人们可以放心食用。我们决心为此做好工作，也欢迎大家监督。

到地方政府，每个层级都有明确的监管部门，不留死角、没有空白。

党的十八大以来，中央领导同志多次强调，要改革和完善食品安全监管体制，严格从生产源头到消费的全程监管，提升食品安全保障水平。新组建的国家食品药品监督管理总局，承担生产、流通、消费环节的食品安全统一监管职责，农业部负责农产品种植养殖，卫生部负责食品安全标准和风险评估。

这一系列的体制和机构改革，迈出了食品安全统一监管的关键一步。但是，要让改革之花结出硕果，还需要各级政府和监管部门共同努力，细化改革措施，把各项任务落到实处。

其一，加强部门协调联动。今后的食品安全监管工作，仍然涉及多个部门。不论哪个部门，都要根据自身职责，做好分内的工作。同时，还须继续发挥国务院食品安全委员会的作

为加强食品药品监督管理，国务院组建国家食品药品监督管理总局，将工商行政管理、质量技术监督部门相应的食品安全监督管理队伍和检验检测机构“划转改”，对生产、流通、消费环节的食品安全和药品的安全性、有效性实施统一监督管理。

用，加强协调配合，形成互相倚重、互相支撑、紧密衔接的监管体系。

其二，完善地方监管机构。最近，国务院下发了《关于地方改革完善食品药品监督管理体制的指导意见》。各地政府应切实担负起食品安全管理职责，加快推进地方监管机构改革和职能转变，建立起最严格的监管制度，实现重心下移，解决“上边热、下边凉”的问题，不使食品安全在第一线失守。

其三，理顺内部机构关系。整合其他部门职能后，各级食品药品监管部门，应从“物理整合”走向“化学整合”，打破原有监管模式和固定思维，进一步优化业务流程、完善效能机制，力争在提高监管水平上取得“1+1>2”的效果。

四、监管能力为何亟须提高

有句话说得好：外行看热闹，内行看门道。面对琳琅满目的食品，如果不是“行家里手”，不具备较强的专业知识和技术手段，就很难发现问题，安全监管也就无从谈起。履行好监管职责，提高自身监管能力是基础。

从目前来看，我国食品安全监管能力较弱，“内功修炼”仍然不足。如监

政策传真

国家食品安全信息化建设加速推进

国务院《2013年食品安全重点工作安排》指出：根据国家重大信息化工程建设规划，充分利用现有信息化资源，按照统一的设计要求和技术标准，建设国家食品安全信息平台，2013年年底前，完成主系统和子系统的总体规划和设计。统筹规划建设食品安全电子追溯体系，统一追溯编码，确保追溯链条的完整性和兼容性，重点加快婴幼儿配方乳粉和原料乳粉、肉类、蔬菜、酒类、保健食品电子追溯系统建设。

管人员少，平均 1 人监管 100 多户生产经营单位，日均监管几万斤食品，这还不包括打“游击战”的小摊小贩；检测技术落后，特别是一些问题食品隐蔽性强，检测难度大，如“地沟油”至今也没有准确的检测办法。

由此可见，食品安全监管不仅是一项“体力活”，更是一项“技术活”，需要从人员、装备、技术等方面全面加强，炼就出洞察隐患、辨假识真的“火眼金睛”，让问题食品难以藏身、无处遁形。

充实监管力量。食品安全，需要强大的监管力量“保驾护航”。应加强队伍建设，推进省、市、县三级监管队伍标准化，提高基层执法人员专业水平。切实加大经费投入，加强装备建设，配备必需的快检设备和现场调查取证设备等，提高执法能力。

食品的快捷检测方法，有助于提升食品安全质量，从技术上增强食品安全保障。图为北京市民正在观看菜市场专业检测人员快速检测蔬菜质量过程。

日前，有可溯源二维码标识的农产品亮相辽宁省沈阳市超市，消费者在超市购买蔬菜、杂粮等绿色农产品时，可通过产品标识上的二维码，查询所购农产品产地、施肥、采收、运输、责任人等相关信息，一旦出现食品安全问题，将实现责任和原因可查可追溯。图为2013年5月14日，在沈阳市一家超市，一名顾客在用手机扫描可追溯薏米仁生产源头的二维码。

强化技术支撑。“工欲善其事，必先利其器。”食品安全监管之“器”在于技术，而最基础的就是风险监测和检验检测。应进一步加强风险监测，完善风险监测网络，加强数据分析管理，健全评估预警制度。大幅提高检验检测能力，推进检测资源整合、结果互认，提高隐患排查能力，切实解决“检不了、检不出、检不准”的问题。

完善标准体系。在我国，共有食品标准近5000项，近几年新公布了302项国家标准，但仍存在标准缺失、过时、交叉等突出问题。目前，国家正在加强食品安全标准制修订工作，到2013年年底将完成现有标准的清理，到2015年形成严密完善的食品安全法律标准体系。标准的制修订工作，坚持公开透明、科学严谨、广泛参与的原则，力求不断提高权威性和公信力。

建设信息平台。准确掌握、及时发布信息，是减少食品安全问题、降低社会危害的重要手段。应加强食品安全信息化建设，充分利用现有资源，建立功能完善、标准统一、信息共享、互联互通的国家食品安全信息平台。建立电子追溯系统，为食品配备“身份证”，让人们了解到食品的“前世今生”，追查问题做到“冤有头、债有主”。向社会及时通报食品安全信息，增强群众辨别能力，提高全社会防范意识。

五、食品安全如何筑牢法治“防火墙”

俗话说：治乱用重典。面对当前食品安全问题的种种乱象，只有依法从重从严进行整治，才能真正起到警示和震慑作用，使政府监管发挥最大效能。反之，若对不法企业“打不疼”、“打不死”，法律的尊严、监管的权威就会大打折扣。

从世界许多国家看，严治是通行做法。比如，德国20世纪90年代的《产品责任法》规定，因产品存在缺陷造成损害的，赔偿额可达到1.6亿马克；美国《统一产品责任示范法》对损害赔偿数额不设限制，在实践中赔偿数额呈逐年攀升趋势。

权威声音

健全应急机制
快速核查处理

◎**张勇（国家食品药品监督管理总局局长）**：对一些食品安全问题需要核查事实真相，需要检验检测和科学验证。今后，我们将进一步加快健全应急处置机制，不断完善监测预警网络，努力做到快速核查处置，及时回应社会关切，解答群众疑惑。

这些年，我国也加大了食品安全违法的惩治力度。2011年通过的《刑法修正案（八）》，将食品安全犯罪处罚从“五年以下有期徒刑”，提高到可判处“死刑”，取消了罚金数额限制。当年河南“瘦

内蒙古自治区质量技术监督局向各盟市配备执法检测移动实验室，为质量技术监督执法提供技术支撑。移动实验室内装配了食品、化肥、农药等产品检测仪器设备和检测试剂盒、快速检测卡等，具有检测速度快、结果准确等特点，为处理应急检测提供了有效手段，拓宽了检测实验室服务范围。

肉精”案中，主犯刘襄被判处死刑，缓期两年执行。2012年山东青岛死猪肉案中，张书明、郭珍艳夫妻涉案金额为508.6万元，分别被判处15年、7年有期徒刑，并处罚金共560万元。

总结国内外经验，保障食品安全，应保持严打的“高压线”。要用“铁腕”严厉打击食品安全违法行为，切实解决守法成本高、违法成本低的问题，让不法分子付出高昂代价，使其不敢以身试法，从根本上扭转食品安全犯罪频发的状况。

专项整治常规化。集中治理整顿是解决食品安全突出问题的有效手段。针对人民群众反映强烈的食品非法添加和滥用食品添加剂，“黑工厂”、“黑窝点”、“黑作坊”等突出问题，开展大规模的集中排查和治理，切实消除重点领域、重点环节的隐患。食品安全问题具有顽固性和反复性，仅靠一两次行动解决不了问题，必须做到常抓、长抓，让群众见到实实在在的效果。

重典严打犯罪。2013年5月，最高人民法院、最高人民检察院出台了《关于办理危害食品安全刑事案件适用法律若干问题的解释》，为重处违法行为提供了法律依据。关键是要加大惩治力度，对食品安全问题“零容忍”。不管企业历史有多长、规模有多大，一旦“作奸犯科”、越过法律红线，必须依法课以重罚，罚到其倾家荡产、无力东山再起；对相关责任人施以重刑、让其付出代价，让情节特别严重者把牢底坐穿，甚至处以死刑。

政策传真

关于办理危害食品安全刑事案件适用法律若干问题的解释

1. 明确界定生产、销售不符合安全标准的食品罪和生产销售有毒、有害食品罪的定罪量刑标准；

2. 严厉打击食品滥用添加、非法添加行为；

3. 明确生产、销售不符合安全标准的食品添加剂、食品相关产品行为的定罪处罚标准；

4. 规定违反国家规定，私设生猪屠宰厂，从事生猪屠宰、销售等经营活动以非法经营罪定罪处罚；

5. 依法严惩危害食品安全犯罪的共犯以及食品虚假广告犯罪；

6. 从严惩处食品监管渎职犯罪；

7. 对危害食品安全犯罪从严适用刑罚。

实施行业退出制度。食品行业是一个特殊产业，与人们的身体健康和生命安全息息相关，应严格行业退出制度。实行问题企业“黑名单”和从业禁入制度，健全诚信不良记录制度，使企业“一处失信、寸步难行”、“一次违法、终身禁入”，及时清除“害群之马”。2013年施行的《北京市食品安全条例》，对造成严重后果的违法食品生产经营者，已有“终身不得从事食品生产经营活动”的规定。

严格追究监管责任。出现食品安全问题，不仅要追查相关企业，也要追究有关监管责任。食品安全搞不好，“乌纱帽”就保不

2013年6月，江苏省南通市聘请39名市民为首批“食品安全公众监督员”。他们将义务参与食品安全的监督检查，为执法部门提供食品安全领域的违法案件线索。图为启动仪式。

了。近年来，各地普遍加大监管责任追究力度，2012年共有8428名公职人员因食品安全问题被追究责任。应进一步完善食品安全责任追究制，加大行政问责力度，加快出台关于食品安全责任追究的具体规定，明确细化责任追究对象、方式、程序等，对不作为、乱作为、失职渎职等行为，进行严厉问责。

维护食品安全，更需社会合力。面对大量的食品、众多的生产经营者，仅靠政府部门仍然是“双拳难敌众腿”。食品安全还需要政府、企业、社会齐抓共管，形成合力。关键是应动员广大群众参与进来，特别是积极举报食品安全问题。在这方面，国家相关部门已建立起比较完善的举报制度。比如，国家食品药品监督管理总局设立的投诉举报电话为“12331”，投诉举报中心的网址是http://

www.12331.org.cn，国家质检总局投诉举报电话为“12365”。31个省区市按照《关于建立食品安全有奖举报制度的指导意见》，也建立了相应的食品安全有奖举报制度，有的地方最高可给予50万元奖励。我们每个人都应扮演好餐桌保卫者的角色，让“人人需要安全食品、人人维护食品安全”成为自觉行动。只有真正实现社会共治，才能够彻底打赢食品安全“保胃战”。

相关链接

《国务院关于加强食品安全工作的决定》，中央人民政府门户网站。

5 让每个孩子都成为有用之才

——教育质量怎么提高

近来，一个名为“微言教育”的微博在网上走红，不到半年粉丝量就达到350多万。“微言教育”是教育部新闻办的官方微博，这段时间，在它组织的一系列微话题、微访谈中，教育质量成为人们极为关注的一个重要问题。教育兴则国兴，教育强则国强。发展高质量教育，让每个孩子健康快乐成长成才，是提高国民素质、实现民族复兴中国梦的必然要求。

一、教育质量为何备受关注

城乡免费九年义务教育全面普及，农村教育得到加强，职业教育快速发展，高等教育进入大众化阶段……可以说，改革开放以来我国教育事业发展步入了快车道。

应该说，“有学上”的问题已得到了较好解决，“上好学”成为社会普遍关注的问题。也就是说，教育发展质量与人们的期待还有较大差距。比如，大城市的义务教育择校热、素质教育推进困难、“钱学森之问”难以破解、大学生就业难……都与此密切相关。为什么教育质量问题这样凸显呢？

网友网言

- 没有钱办不好教育，有了钱不改革体制机制，同样办不好教育。
- 教育存在的诸多问题当中，当前最应迫切去解决的，就是提高质量的问题，因为中国现在已是世界第一教育大国，但还没有成为教育强国。
- 素质教育喊了多年了，但今天的事实依然是“举素质教育的旗，走应试教育的路”。应试教育的指挥棒不改变，教育质量很难上去。

国家发展对提高教育质量的要求紧迫。当前，我国正处于改革发展的关键时期，加快形成新的经济发展方式，推动经济社会持续健康发展，任务十分艰巨。实现全面建成小康社会目标，主要靠什么呢？归根到底靠人才、靠教育。只有高度重视和提高教育质量，培养造就一大批创新型人才，才能牢牢牵住国际竞争的“牛鼻子”，增强我国的核心竞争力，为经济升级、发展转型提供强大人才支撑。

优质教育资源不能完全满足人们的需要。我国现在仍然是“穷国办大教育”，尽管财政性教育经费投入大大增加，但与世界先进国家相比还有很大差距，优质教育资源总体不足的状况短期难以改

2013 年被称为“史上最难就业年”，全国普通高校毕业生规模高达 699 万。图为上海市 2013 年应届高校毕业生专场招聘会现场。

变。比如，我国高等学校有 2000 多所，但能称得上世界一流的又有多少呢？加之我国教育资源在城乡之间、地域之间分布不均，这与人们上好学的愿望还有很大距离。

教育自身存在不容忽视的问题。这几年，提高教育质量工作取得很大进展，但从整体上看还不够。比如，提高质量大多是在点上推进，统筹考虑和整体部署有待加强；一些工作还停留在具体层面，亟须建立科学的评价体制、激励机制；相当一部分学校仍然围着应试教育打转，素质教育虽然有所进展，但推进比较艰难。

社会存在急功近利的风气。十年树木，百年树人。教育是一个潜移默化、润物无声的过程，是一项慢功夫。但由于受社会不良风气影响，教育上的功利主义比较严重，学校片面追求升学率，家庭“逼子成龙”、“逼女成凤”，社会唯名校、唯学历的现象大量存在。加之一些培训机构的忽悠炒作，许多人形成了“不能让孩子输在起跑线上”的紧张心理，带着孩子奔波于培训班、“占坑班”，参加五花八门的竞赛取证。这些都加重了孩子的负担，扼杀了孩子的天性，本应自由翱翔的“小天鹅”变成了“小考鸭”。

教育涉及千家万户，惠及子孙后代。社会的强烈呼声，反映了人们对办好更高质量教育的美好期待。人们的愿望就是努力的方向，必须高度重视教育质量问题，牢固树立以质量为核心的教育发展观，深化教育改革创新，努力办好人民满意的教育。

二、教育质量问题怎么看

谈起教育质量，人人都有自己的看法，可谓公说公有理，婆说婆有理。那么，到底怎么看教育质量问题呢？从历史和现实的经验来看，至少应搞清以下几个问题。

什么才是有质量的教育？有人认为，只要学习成绩好、考的分数高，就是有质量的教育。这种观点是片面的。分数并不是教育的全部，如果孩子思想品德有问题、身体素质差，“四体不勤、五谷不分”，分数再高也算不上有质量的教育。教育的本质就是要培养合格人才，“高分低能”恰恰是教育失败的表现。判断教育质量好不好，关键有四条：一是塑造健全人格，不光是发展智商，还应培养情商；不光是学习成绩好，还应德智体美劳全面发展。二是尊重成长规律，根据学生的年龄段，适度、适量施加教

专家评说

仅以学习成绩评价教育质量是片面的

辛涛（教育部基础教育质量监测中心副主任）：在应试教育影响下，突出测验的选拔功能，需要不断增加教育难度，加重了学生负担。教育丧失了促进儿童青少年发展的本性，不能促进人的智力与人格、知识与品德、科学与人文的全面发展。这种片面的质量观为我国建设创新型国家埋下了隐患。

育，不能拔苗助长。三是拓展个性空间，针对孩子的兴趣爱好、天赋秉性，搭建多姿多彩的平台，使每个学生都获得自由发展。四是符合社会需求，注重提高学生的创新创造能力，使学校教育和社会实践有机衔接，更好地服务经济社会发展。

我国教育质量到底怎么样？改革开放以来，我国教育从规模到质量都取得了显著成绩，但是与经济社会发展、人民需求相比还有差距，集中体现为学生素质有待提高、杰出人才很不够用。特别是过于注重应试教育，忽视了对学生独立思考和创造能力的培养。我们的很多学生在一些国际比赛当中经常名列前茅，但很少能成为像李四光、钱学森、钱三强那样的世界著名人才。

素质教育和教育质量是什么关系？素质教育已经推行了很多年，一些地方创建了情境教育、愉快教育、赏识教育等模式，涌现了一大批素质教育典型，学生身心健康发展，综合素质不断提高。但从总体上看，应试教育的影响还根深蒂固，全面推行素质教育仍然步履蹒跚。只有彻底转变教育观念、改革管理体制、完善评价机制、严格规章制度，才能打破应试教育的桎梏，使素质教育真正落地生根，孩子们才能健康快乐地成长。

山东省茌平县杜郎口中学践行学生主体地位的教学理念，变苦学为乐学，变乐学为会学，变会学为愿学，被称作掀起了素质教育“风暴”。图为杜郎口中学的学生在课堂上自我教学。

提高教育质量主要靠谁？毋庸置疑，学校是提高教育质量的主阵地，承担着义不容辞的责任，但家庭和社会的作用也不可小视。家庭是孩子成长的第一站，父母是第一任老师，家庭环境深深影响着孩子的学习兴趣、言行举止、道德养成。同时，社会不良风气对教育的影响也不容忽视。应消除社会浮躁之气，为教育质量的提高营造良好环境。只有学校、家庭、社会步调一致，拧成一股绳，教育质量的提高才能真正取得实效。

父母是最好的老师，言传身教作用大。

归结起来，有质量的教育就是以学生为中心，有利于孩子健康快乐成长、德智体美劳全面发展的教育。全社会都应在培养什么样的人、怎样培养人这个根本问题上达成共识，相互理解，共同努力，携手承担起培养下一代接班人的重任。

三、评价“指挥棒”怎么指

评价是教育的风向标和测量仪，“评什么”决定了“教什么”和“学什么”。科学合理的评价体系，有利于加强教育管理的统筹协调，激发学校和教师队伍的生机活力，促进教育质量的提升。

当前，教育评价不科学的问题还比较突出。比如，一考定终身、分数论英雄的惯性还很强，重智育轻德育、重知识轻能力、重硬件轻软件的现象比较普遍，评价过程中突击应付、违规公关、弄虚作假的问题时有发生，教育质量评估往往达不到应有效果。究其原因，就在于教育管理、办学和评价不分家，评价标准单一、方法较为简单。

为改变这种状况，2010年颁布实施的国家中长期教育改革和发展规划纲要提出，要建立科学的教育质量评价体系。2012年，国务院首次公布《教育督导条例》，教育部先后出台《关于全面提高高等教育质量的若干意见》、《关于积极推进中小学评价与考试制度改革的通知》和《关于推进中小学教育质量综合评价改革的意见》，对建立评价体系、提升教育质量作出具体部署。下一步的关键是抓好贯彻落实，逐步推进教育评价的科学化、制度化、规范化。

政策传真

建立科学全面的教育质量评价体系

1. 把学生的品德发展水平、学业发展水平、身心发展水平、兴趣特长养成、学业负担状况等方面作为评价学校教育质量的主要内容。

2. 要通过直接考查学生群体的发展情况评价学校的教育质量。将定量评价与定性评价相结合，注重全面客观地收集信息，根据数据和事实进行分析判断。

3. 注重发挥各方面的作用，逐步建立政府主导、社会组织和专业机构等共同参与的外部评价机制。

——摘自《教育部关于推进中小学教育质量综合评价改革的意见》

首先，要明确评什么。确定学生、学校和教师为主要评价对象，明确评价的具体内容和标准，建立完善多维度的综合评价体系。

评价学生，应打破“唯分是举”，把品德发展、学业发展、身心发展、兴趣特长和学业负担纳入评价内容，进行综合考察。2012年7月，上海作为国家教育体制改革的试点地区，率先推出中小学教育质量“绿色评价”体系，既考核学生学业表现，又考核学生实践能力、创新能力；既注重学生发展的横向比较，又考虑纵向进步。山东烟台创建了“三制一管两提高”，取消百分制，实行“等级＋特长＋评语”的学生评价模式。应在总结推广

安徽省合肥市蜀山区西园小学从2010年起在学校内开展素质教育“课程超市”，让学生按照兴趣选择课程，充分发展自己的兴趣特长。图为西园小学机器人制作班的同学在调试机器人。

各地成功经验的基础上，不断完善学生评价体系，使之更全面、更科学。

评价学校和教师，不能唯升学率，而应全方位、多元化。完善科学的教师绩效评价制度，全面评估教师的德、识、能、绩，改变单凭分数评价教学优劣的做法。建立有利于推广素质教育的评价体系，完善教育质量监测评估体系，纠正单纯以升学率评判办学质量的倾向，尊重学校的差异，鼓励学校办出特色、办出水平。

其次，明确怎么评。这些年来，一些地方积极探索教育质量评价的方式方法，取得了初步效果。2013年1月，陕西西安引入第三方评价机构，教育系统不再自己裁判自己，提高了评价的公信力。应逐步改变“政府评学校、学校评教师、教师评学生”的单向度、

高校自主选拔录取是教育部扩大高校自主权、深化高校招生录取制度改革的重要举措，也是对选拔优秀创新人才的新探索。图为上海交通大学2012年自主选拔面试考场。

封闭式模式，探索建立政府、学校、学生、家长和社区共同评价机制，培育社会专业评价。应突破纸笔测验模式的评价方式，增加行为观察、情景测验、学生成长记录，建立学生培养的跟踪监测体系，实施动态化管理。

完善考试招生制度。这几年，中考已经把日常评价与毕业考试评价结合起来，增加了综合素质评价；高考在部分省份进行自主命题改革，一些高校开展基于高考的综合评价招生。2012年7月，成立了国家教育考试指导委员会，正在对高考改革方案进行系统研究设计。今后将通过科学平稳、渐进有序的改革，建立分类考试、综合评价、多元录取的考试招生制度，使学生成长成才的“独木桥”变为“立交桥”。

四、教育综合改革怎么着力

2013年可以说是“教育改革年”。1月份召开的全国教育工作会议，讨论最多的就是改革。教育部颁布的“一号文件”，就是以“深化教育领域综合改革”为主题，全面部署教育改革进程。一系列重要措施的出台，目的就是通过教育体制改革，全面推动教育走上质量提升的良性轨道。

政策传真

《教育部关于2013年深化教育领域综合改革的意见》相关内容

1. 督促各地落实进城务工人员随迁子女接受义务教育后在当地参加升学考试的方案。

2. 做好高中学业水平考试及综合素质评价改革试点。

3. 深化高校自主选拔录取改革试点，完善高校招生考试综合评价改革试点。

4. 建立健全教育资源配置机制，重点向农村、边远、贫困、民族地区倾斜。

5. 着力解决大城市的中小学择校问题，各省（区、市）分别制定实施方案。

提高教育质量是一个系统工程，涉及教育观念、教育体制、教学方式的全方位调整。当前，教育改革的诉求越来越强，涉及的利益越来越多元化，碰到的阻力也越来越大。应切实加大教育改革的步伐，消除不合理的体制机制障碍，为教育事业的健康发展增添新活力。

明确往哪里改。方向决定成败。应进一步凝聚改革共识，坚持走中国特色社会主义教育发展道路。坚持按规律办事，尊重教育规律、教学规律和人才成长规律，把促进学生全面发展、健康成长作为改革的出发点和落脚点，以人民群众满意为最高标准，让老百姓真切感受到教育发展变化，享受到教育改革成果。

2013年是浙江省出台“异地高考”政策的第一年，共有984名外省籍进城务工人员随迁子女成为“同省同待遇”的首批受益者。

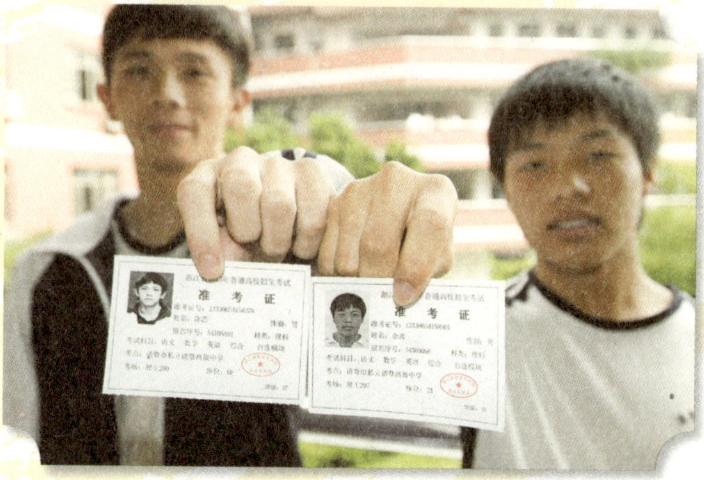

汇聚改革合力。教育综合改革是一项系统工程，决不能简单地“头痛医头，脚痛医脚”、局部整形，而应协同闯关、整体塑造。比如，让进城务工人员随迁子女享受更高质量的教育，涉及财政、户籍等制度，显然不是一时一地、一个部门解决得了的。应重视改革的系统设计和整体安排，健全改革的领导体制，建立激励机制、政策突破机制，从深层次解决问题。充分汲取社会各界智慧，充分听取群众的意见建议，努力寻求教育改革的最大“公约数”。

突出改革重点。全面推进首先要找准突破口。在办学体制方面，2013年将出台支持民办教育发展的意见，全面清理各种歧视性政策。在管理体制方面，重点推进省级政府教育统筹权，深入推进政事分开、管办分离，

权威声音

推动教育发展走上不断提升质量的良性轨道

◎**袁贵仁（教育部部长）：**多年来，我们一直强调提高教育质量，但提高质量是一个过程，我们必须花大力气、下真功夫认认真真地抓、坚持不懈地抓。现在迫切需要我们努力把提高质量的理念变为完善的制度、政策，把提高质量的说法变为科学的方法、做法。

切实落实和扩大高校办学自主权。在保障机制方面，重点建立健全各级政府教育经费分担机制，确保国家财政性经费支出落到实处。

五、强教为何必先强师

教师是“人类灵魂的工程师”，是决定教育质量的最重要因素。有了好的教师，才可能有高质量的教育。

我国目前有1460多万名教师，承担着世界上最大规模教育的重任，为培养各类人才、提高全民族素质作出了重要贡献。同时也应看到，我国教师队伍整体素质亟待提高，区域、城乡、学校间教师资源配置不平衡。特别是近年来极少数教师师德败坏，严重损害

“最美女教师”张丽莉是黑龙江省佳木斯市第19中学老师，在驾驶员误碰操纵杆致使车辆失控撞向学生的危急时刻，她向前一扑，将车前的学生用力推到一边，自己却被碾到车下。图为张丽莉在2012年“感动中国”年度人物颁奖典礼上。

了教师的社会形象。推动教育质量提高，迫切需要造就一支师德高尚、业务精湛、结构合理、充满活力的高素质教师队伍。2012 年 8 月，国务院出台了《关于加强教育队伍建设的意见》，从深入实施科教兴国战略和人才强国战略的高度，对进一步加强教师队伍建设作出具体部署。

从政府来讲，应创造有利于教师工作和发展的环境及条件，吸引更多优秀人才从事教育工作。深化教师管理制度改革，创新教师教育培养模式，建立教师学习培训制度，完善培养培训体系，不断提高教师队伍整体素质和专业化水平。这几年，国家针对农村教师队伍状况，在教育部直属师范大学实施了师范生免费教育政策和农村义务教育阶段学校教师特设岗位计划，为农村补充了大批优秀教师。实施了以农村教师为重点的教师国家级培训计划，大力促进农村教师队伍素质的提高。今后，还将采取更加有力的措施，进一步

“国培计划”是提高中小学教师特别是农村教师队伍整体素质的重要举措。图为黑龙江、吉林两省农村小学教师在“国培计划——中西部农村骨干教师短期培训项目”结业仪式上展示结业证书。

2012年6月11日，“寻找最美乡村教师”大型公益活动在北京启动，活动面向全国846万扎根乡村的普通教师，通过寻找、发掘、宣传他们中间的典型代表，展现乡村教师淡泊名利、执著坚守、甘于奉献的高尚精神。图为活动启动仪式现场。

加大对农村教师培训的支持力度，继续深入实施“特岗计划”，建立农村教师补充新机制。

同时，应切实提高教师的工资待遇水平，这是教育队伍吸引人、留得住人的关键。依法保证教师平均工资水平不低于或者高于国家公务员的平均工资水平，并逐步提高，保障教师工资按时足额发放。健全符合教师职业特点、体现岗位绩效的工资分配激励约束机制，落实和完善教师社会保障政策。对长期在农村基层和艰苦边远地区工作的教师，实行工资倾斜政策。只有这样才能吸引更多的优秀人才长期从教、终身从教。

对社会来讲，应营造尊师重教的良好氛围。俗话说，“众星捧月月更明”。尊师重教是社会文明进步的体现。一个国家重视不重

政策传真

《国务院关于加强教师队伍建设的意见》相关内容

1. 实行5年一周期不少于360学时的教师全员培训制度，推行教师培训学分制度。采取顶岗置换研修、校本研修、远程培训等多种模式，大力开展中小学、幼儿园教师特别是农村教师培训。

2. 完善重师德、重能力、重业绩、重贡献的教师考核评价标准，探索实行学校、学生、教师和社会等多方参与的评价办法，引导教师潜心教书育人。

3. 健全新进教师公开招聘制度，探索符合不同学段、专业和岗位特点的教师招聘办法。继续实施并逐步完善农村义务教育阶段学校教师特设岗位计划，探索吸引高校毕业生到农村小学、教学点任教的新机制。

视教育，首先要看教师的社会地位。在世界各国，教师通常都是受人尊重的职业，我国更是有尊师重教的传统。应大力宣传教书育人楷模的先进事迹，让尊师重教蔚然成风，让教师成为全社会最受人尊敬、最值得羡慕的职业。

从教师自身来讲，应自觉加强专业学习和师德修养。“学为人师，行为世范”，是教师必备的基本价值追求。教师要把教书放在第一位，打牢深厚的知识功底，要想给学生一杯水，自己先要有一桶水。同时加强师德修养，以自

“学为人师，行为世范”，勉励广大教师加强自身修养，勇于承担起教书育人的社会责任。

己的人格魅力教育感染学生，做学生健康成长的指导者和引路人。

教育是国计，更是民生；教育是今天，更是明天。只有切实提高教育质量，培养造就一批又一批高素质人才，才能用人力资源强国的教育梦助推中华民族伟大复兴的中国梦。

相关链接

1.《十八大报告学习辅导百问》，党建读物出版社、学习出版社 2012 年版。

2.《国家中长期教育改革和发展规划纲要（2010—2020 年）》，人民出版社 2010 年版。

6 老有所养定成真

——养老难题怎么破解

2013年7月1日，新修订的《老年人权益保障法》正式实施。其中有一项内容格外引人关注，就是规定子女“应当经常看望或者问候老年人”。“常回家看看”本来是人之常情，何以成为老年人的热切呼声，又为什么还要通过法律作出规定呢？这反映出国家对养老问题的重视，也折射出当前养老的现实难题。

家家有老人，人人都会老。现在，我国已进入老龄化社会，60岁及以上老年人口已达1.94亿，是世界上唯一一个老年人口超过1亿的国家，也是人口老龄化速度最快、面临挑战最大的发展中国家。“老吾老以及人之老”，是几千年来普通百姓的美好梦想；保障人人老有所养、老有所依，是我们党和政府作出的庄严承诺。

一、养老问题为何广受瞩目

“当你老去，发鬓斑白，睡意渐浓，倦倚着壁炉瞌睡……”这是有一篇诗作中，描绘的一种悠然适意的老年生活状态。

在现实中，为了使老年人安度晚年，近些年来党和政府采取了一系列政策措施。如基本建成覆盖城乡居民的社会养老保险体系，目前参保人数达到7.9亿人，比原定计划提前了8年；连续9年提高企业退休人员基本养老金，从2005年的700元提高到2013年的1900元左右；等等。

与此同时，围绕养老保障的热点话题也不断增多。先有媒体报道多个省市养老金入不敷出，后有关于劳动力人口首次下降、人口红利是否消失的讨论。2013年全国“两会”上，很多代表、委员又将是否延迟退休年龄、取消“双轨制”等推至“风口浪尖”。媒体还相继报道了公办养老院爆满、独居老人家中去世等问题。为什么社会各界对养老问题广泛关注？

2005—2013年我国企业退休人员基本养老金月人均水平

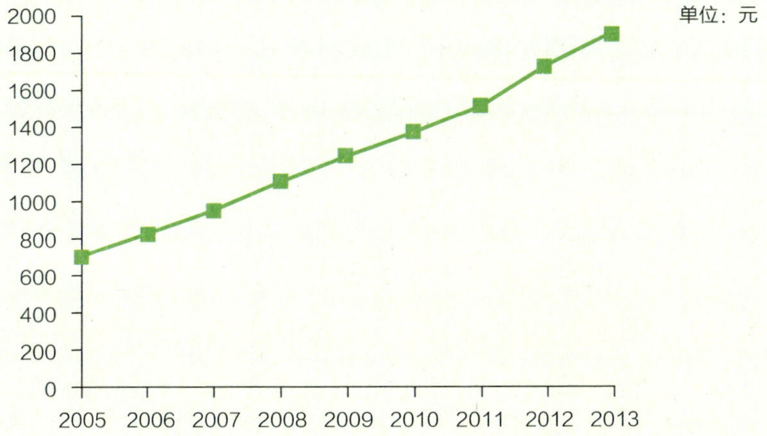

2012年年末，全国所有县级行政区，全面开展国家城乡居民社会养老保险工作。参保人数48370万人，其中实际领取待遇人数13075万人。

其一，源于现实养老的诸多困难。近年来，在基本生活整体上明显改善的同时，很多老人仍然面临着各种困难。经济收入上，全国有近1000万老人生活在贫困线之下，50%的老人担心生病时无钱治病；生活照料上，独居和空巢老人超过50%，失能、半失能老年人口有3000多万；精神慰藉上，30%左右的老人经常感到孤独，有的甚至出现抑郁症状。不论家中是否有老人，这设身处地的痛感，不免引发人们对养老问题的不安。

其二，源于对未来养老的心理焦虑。目前，我国已进入人口老龄化快速发展期，老年人口数量将以年均800万以上的规模激增。预计到2020年，老年人口将达到2.55亿，2033年突破4亿，2050年达到4.83亿。届时，社会总抚养比将由目前的45%提升到98.8%。食之者众、生之者寡，如此严峻的老龄化态势，进一步加大了人们对“我的晚年谁来养”的担忧。

其三，源于对养老保障的更多期待。养老保障关系每个人的切身利益。目前，我国的养老保障发展不平衡，存在着城乡、区域和行业的制度性分割问题，不同群众之间养老待遇水平、政府投入等

2012年年末，全国参加城镇职工基本养老保险人数为30427万人，参加基本养老保险的农民工人数为4543万人，参加企业基本养老保险人数为28272万人。

差异较大。随着公民权利意识的增强，人们越来越关注养老保障的公平性、流动性、可持续性，也提出了更多诉求。

保障不到家，挣钱不敢花。人们对养老问题的关注，还源于它影响群众的消费心理，关系扩大内需政策的落实。由于对未来养老没有信心，人们挣钱后只能是多存钱、少花钱。当前，我国居民储蓄率超过50%，而最终消费率不到50%，远低于世界61%的平均水平。只有加强养老保障，让老百姓无后顾之忧，他们才有可能松开腰包、放心消费，最大限度地发挥消费对经济发展

深度解读

“双轨制”的由来

“双轨制”，是指城镇企业职工与机关事业单位人员，实行不同的养老金制度，二者在筹资方式、支付标准上存在差距。在计划经济时期，国营企业机关事业单位实行的都是单位自己承担职工退休养老的制度。社会主义市场经济体制确立后，为帮助国有企业卸下沉重养老负担，几经探索，形成了现在的企业职工养老保险制度。但受各种因素影响，机关事业单位养老制度并未同步改革，单位内部退休养老的制度一直沿用至今，形成了“双轨并行”的状态。此外，“双轨制”也存在于城市居民和农村居民之间。

的促进作用。

二、养老难题难在哪里

“最美不过夕阳红，温馨又从容。夕阳是晚开的花，夕阳是陈年的酒……”这首家喻户晓的歌曲，描绘了美好的老年生活。然而大家都深切感受到，当“银发浪潮”来袭时，这杯“陈年的酒”带给人的不仅是香醇，也有丝丝愁绪。

在21世纪初，全球85位知名专家研究起草了《迎接全球老龄化的挑战》的报告，分析了发达国家面临的人口老龄化危机：劳动力缩减、经济停滞、消费低迷、公共财政赤字、资产贬值……人口老龄化给发达国家带来了阵阵“寒意”。

与发达国家相比，我国人口老龄化面临的挑战有着特殊的背景。发达国家都是在基本实现现代化后进入老龄社会的，属于“先富后老”或“富老同步”，而我国则尚未基本实现现代化就提前进入了老龄社会，属于典型的“未富先老”。加之人口多、发展

2005—2012年我国城镇基本养老保险金收支情况表

年份	收入	支出	累计结余
2005年	5093亿元	4040亿元	4041亿元
2006年	6310亿元	4897亿元	5489亿元
2007年	7834亿元	5965亿元	7391亿元
2008年	9740亿元	7390亿元	9931亿元
2009年	11491亿元	8894亿元	12526亿元
2010年	13420亿元	10555亿元	15365亿元
2011年	16895亿元	12765亿元	19497亿元
2012年	20001亿元	15562亿元	23941亿元

2012年5月，一名儿童路过广西壮族自治区都安瑶族自治县隆福乡“居家养老互助站”。

差异大的基本国情，使得我国养老问题更为复杂，解决的困难也更大。

一是经济发展水平不高，公共财政投入有限。发展是解决中国一切问题的总“钥匙”，养老问题也是如此。当前我国国内生产总值占世界总量的1/10，人均国内生产总值排名世界第80多位，却要抚养世界上1/5的老年人，这就决定我国人均公共财政是有限的，而且能够切给养老的“蛋糕”就更少了。

二是老龄化速度快，养老保障体系建设跟不上。一般来说，人口老龄化是一个渐进过程。人口年龄结构从成年型进入老年型，法国、美国、英国分别用了115年、66年、45年，而我国仅用了18年。这说明，发达国家在长时期分阶段出现的养老问题，在我国却是短期内集中爆发。尽管我国养老保障体系已初步建立，但制度的完善、待遇的提高不可能一蹴而就，从而与快速增长的养老需求形成反差。

知识点

养老保险基金筹资渠道有哪些?

当前，我国养老保险基金来源，主要包括企业（单位）和职工缴纳的养老保险费、财政补贴以及全国社会保障基金（战略储备基金）。除此之外，潜在的资金来源还应包括国有企业利润划拨、国有土地出让金划拨、奢侈品消费税、资本及不动产所得税、社会捐助、慈善基金等。

三是家庭日益小型化，家庭养老功能不断弱化。养儿防老是我国传统的养老方式。而如今，由于独生子女政策的实行，以及人口流动加快，家庭日益小型化甚至空巢化。目前，我国独生子女家庭已经占到 1/3，家庭平均规模不足 3.1 人，“4—2—1”家庭结构模式日趋普遍，“人丁兴旺”、“儿孙绕膝”现象很难出现，家庭所能提供的养老资源越来越少。

四是受历史因素影响，个人养老储备不足。养老储备是从年轻时开始的。无论是基本养老保险，还是个人储蓄养老，都是在退休前积累起来的。然而，我国当下的老人，大多是新中国成立前后出生的。改革开放前，我国长期实行“低工资、多就业”的政策和单位内部退休养老制度，这些老人在中青年时基本没有个人财富积累。社会养老保险制度建立后，他们的养老金主要由国家财政和社会养老保险基金来承担。

三、如何从制度上保障老有所养

伴随传统社会向现代社会转型，“家庭人”逐渐成为“社会人”，传统家庭养老功能较为有限，社会养老保障应运而生。同家庭养老相比，社会养老保障具有长期性、稳定性，可在更大范围内分摊养老风险，提供安全可靠的养老预期。

1889 年，德国建立了世界上第一个社会养老保险制度。100

多年来，全世界已有160多个国家形成了不同模式的社会养老保障制度。近年来，为应对养老保障财务危机，很多国家都对其养老保障体系进行改革，总体趋势是构建多支柱、可持续发展的社会养老保险制度，主要包括基本养老保险、补充养老保险和个人储蓄性养老保险。

知识点

国外养老保险模式

国际上的基本养老保险模式主要有三类：一是以英德为代表的现收现付制；二是以新加坡、智利为代表的基金完全积累制；三是以瑞典为代表的部分积累制。当前，越来越多的国家开始改变单一的养老保险模式，建立多层次养老保险制度。

我国社会养老保险制度，经历了从无到有、从城镇到农村、从职工到城乡居民的发展过程。特别是改革开放以来，我国用较短时间陆续建立了社会统筹与个人账户相结合的养老保险制度，主要包括城镇职工养老保险、城镇居民社会养老保险、新型农村社会养老保险，基本实现了制度全覆盖，织就了世界上规模最大的养老保障安全网。

但也要看到，我国养老保险制度还存在一些问题，亟待改进和完善。如基本养老保障水平偏低，城乡居民基本养老金最低标准才55元，并且正常调整机制尚未建立；基本养老保险可持续发展面临较大压力，多支柱养老保障体系尚不完善；公

网友网言

- 养老问题，没有远虑，必有近忧。关爱老人，是责任；孝敬父母，当用心。
- 我们正在“跑步”进入现代化，也正在“跑步”进入老龄化。养老这道难题，不论对于实现中国梦，还是对于实现个人梦，都是必答题，而不是选择题。
- 最美桑榆景，人间重晚晴。让老年人老有所依，不仅是子女的义务，也是政府的责任。

浙江省诸暨市为解决“失地”农民的后顾之忧，从2012年7月1日开始，实施被征地农民养老保险向职工基本养老保险转轨。图为该市陶朱街道山塔村失土农民在展示刚领到的职工退休证。

务员与企业职工、职工与居民之间存在多重制度并行，不同制度之间待遇相差大、衔接不畅；等等。

调整制度化，让养老金“水涨船高”。过去几年，我们主要致力于扩大覆盖面，填补城乡养老保险制度空白，今后将重点解决保障水平相对较低的问题。国家还将继续逐步提高企业退休人员基本养老金，北京、浙江等地也提高了居民基本养老金标准。有关部门还在研究建立保障水平调整机制，将根据经济发展、财政收入、物价变动等因素，实现养老金的合理稳定增长。

政策传真

“十二五”时期养老保障制度建设专项行动

1. 实现新农保制度全覆盖；
2. 建立并全面实施城镇居民社会养老保险制度；
3. 推进事业单位养老保险制度改革；
4. 研究制定公务员和参照公务员法管理单位的工作人员养老保险办法；
5. 建立基本养老保险参保人遗属待遇制度；
6. 建立基本养老保险参保人病残津贴制度。

筹资多渠道，让养老金“钱途无忧”。基本养老金是老人的“养命钱”，必须确保按时足额发放。据测算，未来10多年我国基本养老保险统筹基金不存在“缺口”，但如果现行政策不变，受人口老龄化、养老保险历史债务等因素的影响，2030年后统筹基金将出现当期支付“缺口”。对此，国家已经未雨绸缪，通过扩大覆盖面、推进基本养老金全国统筹、增加财政补助、拓宽筹资渠道、完善基金投资运营办法等综合措施，广开财源，确

专家评说

破解“养老与发展”的二元困境

吕晓莉（全国老龄办政策研究室主任）：我国属于典型的“未富先老”的发展中人口大国，破解“养老与发展”的二元困境，关系亿万老年人幸福安康，关系千万家庭和睦美满，关系整个社会和谐稳定。养老难题的实质是养老需求和社会支持系统之间的矛盾。随着民生保障制度的建立健全，社会支持系统滞后的问题将逐步得到缓解，养老难题也将随之化解。

社会保障卡上记载着持卡人的身份信息、参保缴费信息等，具有在各金融网点和社保定点网点查询、领取、支付和结算等功能。到2015年，全国统一的社保卡将发放8亿张，覆盖全国人口的60%。图为河北省秦皇岛市社会保障卡发放仪式现场。

保基金的长期收支平衡。

转接无障碍，让养老关系顺畅衔接。过去，由于我国养老保险统筹层次低，不仅城职保、新农保、城居保之间相互衔接难，而且同类保险跨地区接续也难。而如今，我国城职保跨地区转接办法已经出台并运行。人力资源和社会保障部将在总结这一实践的基础上，拟定城乡养老保险制度衔接政策。今后，随着转接办法的不断完善，无论参保人在哪个地方、参加哪类保险，养老保险关系的转移衔接都将会更加便捷顺畅。

改革“双轨制”，让养老金“公平对待”。公平是养老保障制度的灵魂。虽然“双轨制”形成有历史原因，但对其进行改革是大势所趋。目前，我国已在山西、上海等5省市开展事业单位养老保险改革试点，深圳等地还进行了聘任制公务员养老保险改革尝试。今后，伴随着改革的深入推进，国家将进一步统筹研究机关、事业单位、企业职工和城乡居民的养老保险制度改革，搞好顶层设计，从根本上解决“双轨制”矛盾，以及由此形成的养老金“待遇差”问题。

制度多层次，让养老金锦上添花。基本养老保险制度是保基本的，要使老年人过上更加富裕的生活，还需要多方面的支撑。应加快发展企业年金和职业年金，研究制定税收优惠政策，鼓励用人单位为劳动者建立补充养老保险，鼓励个人建立储蓄性养老保险，加快完善多支柱的养老保险体系，总体提高养老待遇水平。

四、养老服务怎么完善

北京有一家公办养老院，现有床位1000张，但排队入院超过1万人。按照目前一年几十张床位的轮转率，要想进这家养老院，

近年来，江西省靖安县采取县、乡镇、村财政资助，社会爱心人士捐助，筹资兴建了公益养老院，免费向农村年满 65 周岁以上的老人提供养老服务。目前该县已拥有农村养老院和老年公寓 21 处（座），养老床位 2000 余个。图为两位老人在健身锻炼。

得等上几百年。虽然这是个案，但“十年等一床”现象在很多城市都存在。人们不禁感叹“老人入院难过幼儿入园”，担忧老了谁来照料。

过去说“人生七十古来稀”，而现在活到八九十岁也不稀罕了。随着人口老龄化、高龄化快速发展，我国养老服务青黄不接，存在不少问题，如居家养老服务网络不健全、社区养老服务设施匮乏、机构养老床位不足、护理人员短缺等。

权威声音

推进居家、社区、机构养老服务共同发展

◎**李立国（民政部部长）**：推进居家、社区、机构养老服务共同发展。我们已经在多个省市逐步推进居家养老服务，在城镇基本建立了以保障高龄、独居、空巢、失能和低收入老年人为重点，依靠专业化服务机构，提供多种服务的居家养老服务体系。

在我国，家庭养老具有数千年传统，居家养老也是当下大多数老人的心愿。上海市在实践中探索出“9073”的养老服务格局，即 90% 居家养老、7% 在社区养老、3% 在机构养老。2011 年年底，国家出台《社会养老服务体系建设规划（2011—2015 年）》，明确提出建立以居家为基础、社区为依托、机构为支撑的社会养老服务体系。

重点发展居家养老服务。“金窝银窝不如自家草窝。”家庭不仅是身体的住处，也是心灵的港湾。应改善居家养老环境，支持有需求的老人实施家庭无障碍改造。发展家庭服务业，引导和支持社会力量开展居家养老服务，使老人足不出户就能享受到家政服务、康复护理、医疗保健。2015 年年底，我国将健全县、乡镇、村三级服务网络，城市街道和社区基本实现居家养老服务网络全覆盖。

着力发展社区养老服务。社区养老具有亲情守望、邻里互助的特点，符合老人的认同归属心理。兰州市建立了社区“虚拟养老院”，邯郸市开创了“集体建院、集中居住、自我保障、互助服务”的农村互助养老服务模式。今后，在城市，将把社区养老设施纳入小区配套建设规划，开展多种形式的老年社区照料服务；在乡镇，将增强敬老院的日间照料和短期托养功能。到 2015 年，日间照料服务将基本覆盖城市社区和半数以上的农村社区。

福建省南安市霞美镇金山村，从 2012 年 4 月开始，举全村之力，构建以居家养老为主体、社区照料为依托、社会力量资助为补充的农村居家养老模式。图为金山村老人在演奏民间曲艺。

湖北省恩施土家族苗族自治州宣恩县万寨乡中心福利院，创造了“生产发展、生活改善、院风文明、环境优美、管理民主”的农村福利院管理新模式。图为该福利院老人在开展文化活动。

统筹发展机构养老服务。目前，我国每千名老人养老床位数量21.5张，远低于发达国家50—70张的水平。应加大投入力度，突出公益性特征，发挥兜底作用，重点保障“三无”、“五保”、“低保”等特殊困难老年群体的需求。未来3年，基本达到每千名老人享有30张养老床位，县级以上城市至少建有一处以收养失能、半失能老人为主的老年养护设施。

“出门一把锁，进门一盏灯”，是当下许多老人生活的常态。照料好老人，还要关心他们的精神生活。应鼓励家庭成员与老人多沟通、多交流，同时广泛开展群众性老年文体活动，引导老人树立“自助多福”、“自助而乐”的观念，积极参与社会活动，使“空巢不空、独居不孤、欢乐常伴”，做个快乐老人。

相关链接

《中国老龄事业发展“十二五”规划》，新华网。

7 积聚向上向善的正能量

——道德失范怎么治理

2012年，“最美”点亮中国，“最美妈妈”、“最美教师”、“最美司机”……一个个“最美”故事，成为推动社会前行的正能量。然而，“毒胶囊”、“黄金大米”、“高官不雅照”……一系列丧失道德良知的现象，也一次次触痛人们的心灵。道德问题已经成为人们关注度很高的话题。

道德如同一块美玉，容不得半点瑕疵；道德底线是社会的基本准则，决不允许肆意践踏。面对频频出现的道德失范现象，必须加大治理力度，既要叩问良心，唤醒那些失落的灵魂，又要依法处罚，让失德者付出代价，推动全社会形成良好道德风尚。

一、道德失范现象为何多发

我国是一个文明古国，素来就有礼仪之邦的美誉。如古人提出的“名节重泰山，利欲轻鸿毛”、“人而无信，不知其可也”……道德血液在我们这个泱泱大国流淌了数千年，中华民族养成了崇德向善的优良传统。

这些年来，随着改革开放的深入推进，我国社会道德主流积极健康向上。无论是人们民族自豪感、爱国主义热情、遵法守规意识、敬业进取精神的大大增强，还是公共秩序的明显改善、文明礼仪的广泛普及、志愿服务的蓬勃开展；无论是以任长霞、沈浩、杨善洲为代表的优秀领导干部，还是以“当代雷锋”郭明义和吴菊萍、吴斌、张丽莉等一大批“最美人物”为代表的“平民英雄”，都反映着社会文明程度的提升，诠释着道德良知，彰显着人间大爱，昭示着社会道德的进步。

百德孝为先。图为青年志愿者在给社区里的老人修剪指甲。

同时，社会道德领域也出现了这样那样的突出问题：一些领域诚信缺失、丧失道德底线，一些社会成员人生观、价值观扭曲，是非、善恶、美丑界限混淆，拜金主义、享乐主义、极端个人主义有所滋长，以权谋私、造假欺诈、见利忘义、损人利己现象时有发生。特别是一些窗口行业和公共场所发生的失德事件，损害公众利益，败坏社会风气，影响十分恶劣。

当前，在我国经济社会深刻变革时期，为什么失德现象容易多发呢？

市场经济的负面影响。市场经济的发展为社会带来了巨大财富，但经济利益至上的逐利特性，也诱发了消费主义、物质主义、拜金主义和极端利己主义的传播与扩散，对一些人造成了腐蚀，使他们唯利是图，只认钱、不讲德，笃信“人不为己，天诛地灭”，甚至为一己之利，突破道德底线、挑战法律权威。

道德教育不够有效。一些地方和单位对道德教育的作用认识不足、重视不够，存在抓道德教育流于形式、敷衍塞责的情况。从教育本身来看，存在内容空泛、形式僵化、对象一刀切等问题，针对性实效性不强，缺乏吸引力感染力。

惩戒作用没有充分发挥。大量事实表明，道德问题不仅是个人修养的事

道德古训

- 失信不立。——《左传·襄公二十二年》
- 与人善言，暖于布帛；伤人以言，深于矛戟。——《荀子·荣辱》
- 不精不诚，不能动人。——《庄子·渔父》
- 出淤泥而不染，濯清涟而不妖。——周敦颐《爱莲说》
- 名节重泰山，利欲轻鸿毛。——于谦《无题》
- 君子义以为质，得义则重，失义则轻，由义为荣，背义为辱。——陆九渊《与郭邦逸》

情，仅靠道德自律、良心谴责是不够的，必须加强管理。当前，由于我国相关法律法规的缺失，对一些失德行为无法进行惩治。这就导致失德成本低，甚至不需要付出任何代价，一定程度上纵容了失德现象的发生。

体制机制不完善。改革开放过程中，以往的道德调节机制受到削弱，新的道德机制还没有建立起来，出现了一些漏洞，让一些道德败坏的人钻了空子。比如，在现代社会，信用风险急剧加大，而相关的诚信体系建设没有跟上，给失信者留下了空间。

德是根，物是花，厚德才能载物。近代著名思想家章太炎曾感叹："道德衰之，诚亡国灭种之根基。"道德失范的危害不容小觑。我们要增强道德建设的紧迫感和责任感，不断推动社会风气的改善。党的十八大指出，要推进公民道德建设工程，深入开展道德领域突出问题专项教育和治理，培育良好的社会风尚。坚持依法治国和以德治国相结合，下大力气解决道德领域存在的突出问题，整治道德失范行为，引导人们知荣明耻、扶正祛邪，不断提高社会道德水平。

二、道德教育怎么给力

古人云："人无常心，习以成性；国无常俗，教则移风。"道德教化养成、道德失范治理，基础在教育。只有抓好道德教育，提高人们的思想境界，才能从根本上减少道德失范现象发生。

知 识 点

"三个倡导"的主要内容

- 倡导富强、民主、文明、和谐；
- 倡导自由、平等、公正、法治；
- 倡导爱国、敬业、诚信、友善。

改革开放30多年来，从

倡导“五讲四美三热爱”到开展“讲文明、树新风”活动，从群众性精神文明创建活动到“道德模范”的评选表彰，从树立社会主义荣辱观到提出“三个倡导”、积极培育和践行社会主义核心价值观……道德教育从来没有停顿过。

然而，与过去相比，现在道德教育的对象、环境、条件都在发生变化，引导感化的难度也在加大，如果还沿用老套路、旧办法，很难取得成效。应不断创新观念、形式、手段，在增强针对性有效性上下功夫，更好地激发人们的道德自觉，增加人们的道德力量，营造有德光荣、失德可耻的社会氛围。

首先，抓住重点人群。道德教育必须从娃娃抓起。常言道“三岁看大，七岁看老”，孩子的心灵就像一块早春的土壤，播下什么

“道德讲堂”于2009年11月在江苏省常州市钟楼区开始试点建设。3年多来，道德讲堂如雨后春笋般在各地成长并壮大，已经成为道德教育的有效载体和平台。图为常州市双桂坊美食街“放心餐饮”道德讲堂现场。

样的种子，就会开什么样的花，结什么样的果。应把道德教育融入幼儿园、中小学教育全过程，使孩子们从小养成良好的道德品质。在社会生活中，领导干部的品性言行影响较大，应该成为社会道德的标杆。应大力加强领导干部的道德教育，提高他们的道德修养和水平，使之为全社会作出表率。

其次，改进教育方法。“教得其道、乐为用矣，教不得法、无益于事。”近年来，道德讲堂、道德论坛、道德模范评选等形式，受到广泛欢迎，收到了良好效果。应深入开展社会公德、职业道德、家庭美德、个人品德教育，弘扬中华民族传统美德，弘扬时代文明新风。继续探索更多群众喜闻乐见的教育形式，充分发挥公益广告的作用，善于运用手机短信、社交网络、微博微信等平台，运用连环画、动漫、微电影等手法，进行形象化展示、故事化表达，进一步增强吸引力感染力。

再次，注重实践养成。有句话说得好，“最小的善行胜过最大的善念”。道德教育不应只是说教，而应重在实践养成。应突出行为教育、习惯养成，把道德教育融入日常工作学习中，引导人们自觉遵守基本道德规范。深入开展学雷锋活动，开展社会志愿服务活动，在活动中领悟崇高、感受光荣，使凡人善举成为社会生活的常态。发挥民间舆论作用，褒扬邻里好人好事，批评身边不良现象，自觉修身律己、崇德向善。

政策传真

全国道德模范评选

2007年，中央宣传部、中央文明办、解放军总政治部、全国总工会、共青团中央、全国妇联6个部委联合发起全国道德模范评选表彰活动。每两年评选表彰一届，前三届共评选出162名全国道德模范和776名提名奖获得者，在全社会引起热烈反响。第四届全国道德模范评选表彰活动于2013年4月启动，将于9月下旬，在中央电视台隆重举行颁奖典礼。

2013年5月30日，“讲文明 树新风”首届全国平面公益广告大赛正式启动，面向社会公众广泛征集公益广告作品。近来各类媒体集中推出一批公益广告，有力弘扬了新风正气。

道，源于教育；道，源于传承；道，贵在坚持。道德教育是个慢功夫，不能指望立竿见影，必须坚持积小德为大德，积小善为大善，不断提高全社会的文明程度。

三、惩戒力度如何加大

古话说，“严刑重典者成，弛法宽刑者败”。治理道德失范行为，不能单纯依赖道德教化和舆论谴责，关键还要依照法律法规，采取有效措施，对失德、败德者进行惩戒约束，对违法犯罪者进行严厉打击。

对不文明行为施以严惩，是很多国家和地区的普遍做法。比如在香港地区随地吐痰，会被罚款600港元；在英国伦敦，如果乘客朝车外乱扔垃圾，车主将被处以100英镑罚款，若因乱扔垃圾被告

2013年3月1日，深圳市颁布《深圳经济特区文明行为促进条例》，对10种不文明行为予以规定，依法处以重罚。乱丢垃圾、随地吐痰罚200元，未清理路边宠物粪便罚500元，禁烟场所抽烟罚500元，在非指定场所放置、倾倒、焚烧垃圾罚5000元，损坏、拆除环境卫生设施罚1万元。深圳将市民文明行为纳入法治轨道，形成“硬约束”。

上法庭，将面临最高2500英镑罚款。在新加坡，对不文明者更是严厉。一个著名的例子是，1993年18岁的美国人迈克尔在新加坡搞恶作剧，向汽车喷漆，被法庭判处鞭刑。

法律是成文的道德，道德是内心的法律。一个人良心的形成，仅仅靠观念教化是远远不够的，还必须建立相应的惩戒机制，才能促使人们趋善避恶，自觉养成良好道德习惯。因此，对于那些利欲熏心、严重失德的人，必须加大惩戒力度，让他们为失德行为付出高昂代价。

定红线，明确行为禁区。对社会造成严重危害的失德行为，必须承担相应法律责任。多年来，酒驾行为的治理一直收效甚微，2011年5月明确“酒驾入刑”之后，两年多来全国酒驾同比下降近40%，对社会的危害也大大减少。应进一步加强相关立法，修改完

公安部于2012年12月2日推出首个“全国交通安全日”，将行人闯红灯列入重点整治内容之一。全国各地如南京、杭州、厦门、成都等地开始对行人闯红灯、不走斑马线等行为处以罚款，少则5元，多则50元。2013年5月6日，北京正式在全市范围内对行人闯红灯进行罚款等处罚。

善相关法律，制定配套法规，将有关道德规范上升为法律，为道德建设提供有力法律支撑。

重管理，狠抓集中治理。集中整治公共秩序，加强公园广场、机场车站、旅游景区、体育场馆等的管理，尽可能减少不道德行为的发生。重点整治窗口行业，严格行业规范，严明纪律要求，扭转靠人情、托关系办事的不良风气，改变“门难进、脸难看、话难听、事难办”现象，杜绝“吃拿卡要”那一套，树立良好的政风行风。

惩恶行，震慑败德无良。自古正邪不两立，扬善必须惩恶。应建立对失德违法行为的惩戒机制，形成震慑失德者的强大力量。对失德失信、造成严重后果的典型案例，必须依法严肃查处、追究责任；对情节特别恶劣的，应对有关责任人实行在相关行业终身禁入的惩罚。通过这一系列制度手段发出强烈信号，让败德群体受到严惩、付出沉重代价，再也不敢为恶。

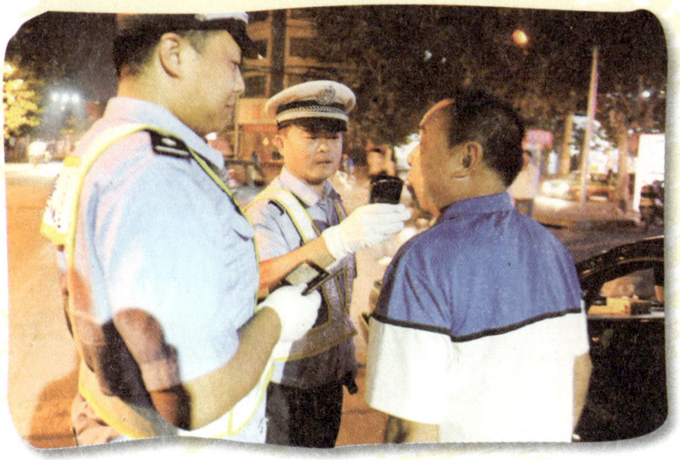

醉驾入刑实施两年多来，酒后驾驶和醉酒驾驶行为总量大幅下降，取得了明显的法律效果和社会效果。图为河南省商丘市公安局交警支队民警利用酒精测试仪对一位驾驶员进行测试检查。

四、道德治理如何长效化

2013年6月28日，深圳市人大常委会通过了《深圳特区救助人权益保护规定》，提出被救助人承担举证责任，诬告可追刑责。这部被称为“好人法”的规定，将为“活雷锋”撑起一把“保护伞”。深圳这部法规的出台，是为道德治理提供制度保障的一个有力举措。

实践表明，道德失范的治理有其特殊规律，急了不行、慢了也不行，关键要在“常”、“长”二字上下功夫，就是常态化、长期抓，持之以恒，久久为功，才能真正抓出成效。

健全法律法规构筑道德保障。社会良好道德的养成，需要每个人的内在自律，也需要外在的力量约束。特别是需要完善相关法律法规，为全社会弘扬正气、激浊扬清创造良好的法治环境。目前绝大多数省、自

政策传真

不良信用记录可保留5年

《征信业管理条例》明确规定：征信机构对个人不良信息的保有期限，自不良行为或事件终止之日起为5年；超过5年的，应当予以删除。

治区、直辖市都制定了见义勇为奖励和保护的法规条例。还应综合运用经济、行政等手段，逐步形成引导与约束、自律与他律相结合的长效机制，增强人们向上向善的动力。

加强诚信体系建设。在全社会建立一套完整的诚信体系，是治理失信行为的有效手段。经全国人大批准，我国将建立以公民身份证号码和组织机构代码为基础的统一社会信用代码制度。2013 年 3 月 15 日，我国首部《征信业管理条例》实施，意味着征信市场步入规范发展阶段。应抓紧建立覆盖全社会的征信系统，搭建统一的信用记录平台，健全个人和单位信用档案，完善“黑名单”制度，形成不敢失信、不能失信的惩戒防范机制。

建立人人参与的机制。一个社会的道德建设，源于每个人的滴水汇流。应当建立健全参与、激励机制，鼓励人们从自己做起、从身边做起、从点滴小事做起，为社会道德的提升贡献一份力量。动员人们积极投身到学雷锋志愿服务中来，广泛开展扶老助残、帮困解难、便民利民等志愿服务活动，为社会奉献自己的爱心。

一位哲学家说，在这个世界上有两样东西值得仰望终生：一是我们头顶上的灿烂星空，一是人们心中的道德律令。品德高尚的人，受人敬仰；文明和谐的社会，让人向往。我们相信，具有深厚道德积淀的中华民族，必然会以更加文明、更加和谐的形象屹立于世界民族之林。

近年来，我国学雷锋志愿服务活动快速发展，党员志愿者、社区志愿者、青年志愿者、巾帼志愿者等志愿服务队伍十分活跃，成为引领社会风尚的一支生力军。

相关链接

1.《纪念毛泽东等老一辈革命家为雷锋同志题词五十周年座谈会在京召开　刘云山出席并讲话》，《人民日报》2013 年 3 月 2 日。

2.《刘奇葆在深入开展道德领域突出问题专项教育和治理活动电视电话会议上强调　推动形成诚实守信的社会风尚》，《人民日报》2013 年 3 月 23 日。

8 成由勤俭败由奢
——铺张浪费怎么杜绝

满桌杯盘狼藉，菜吃一半倒一半，“盛宴”成“剩宴”……2013年伊始，触目惊心的“舌尖上的浪费”，引起社会的热议和一片“拍砖声”。与此同时，网友自发的“光盘行动”悄然兴起。所谓“光盘”，就是吃光盘中的食物。“一起向浪费说再见”，见证着人们对节俭风尚的呼唤。

事实上，铺张浪费又何止于“舌尖”，造成的影响又何止于挥霍钱财？历览前贤国与家，成由勤俭败由奢。古今中外因浮华奢靡导致败家亡国的事例比比皆是，教训极为深刻。坚决杜绝铺张浪费的邪风，不仅关系群众的切身利益，更关系国家的长远发展。

一、铺张浪费为何令人震惊

克勤于邦，克俭于家。崇俭抑奢是中华民族弥足珍贵的传统美德，也是我们党发展壮大的传家宝。随着经济社会的发展，我们的生活逐渐富裕起来，但一些人大手大脚、暴殄天物、大肆挥霍的现象也令人震惊，铺张浪费之风已蔓延到社会生活的许多方面。

吃喝浪费刺痛人心。各种公务接待、商务宴请、私人聚会，经常以“盛宴”开始，以“剩宴”结束，甚至有些山珍海味也成了“厨余垃圾”。据统计，我国每年在餐桌上浪费的食物，相当于两亿多人一年的口粮。真是不算不知道，一算吓一跳。

工程浪费随心所欲。在一些城市，铺路架桥、旧城改造，建了又拆、拆了又建，马路成了“拉链”，城市肌体“千疮百孔”；“造城”运动、开发区建设“一窝蜂”，出现不少“鬼城”、空城，毁了万亩良田；培训中心、行政大楼豪华气派，让人望而生畏。这些，被网友称为“丑陋的奢华”。

资源浪费比比皆是。一些缺水干旱城市大搞人工湖、水乡景观、“浴都”，惊现一条条“塞纳河”，一个个“西湖”；矿产资源开发无度，采富弃贫、大矿小开现象比较普遍；一些商品过度包装，“3 两茶叶 10 斤盒”、“百元月饼千元衣”，不知道是在卖“椟”还是卖“珠”。

专家评说

吃喝之事，并非小事

叶小文（中央社会主义学院党组书记、第一副院长）：无论一人、一群、一民族，无论匡民风、清世风、正党风，不妨从狠刹餐桌上的浪费之风做起，不妨从现在、从节制吃喝、整治浪费做起。

生活浪费司空见惯。长明灯、长转扇、长流水，随处可见；一次性餐盒、筷子、纸杯使用没有节制；份子钱越随越多，酒席越摆越贵，场面越来越大，人情关、面子关越来越难过。

铺张浪费的现象不胜枚举，这样的生产生活方式，带来的是表面繁华，满足的是短暂虚荣，但脱离了基本国情、背离了优良传统，于党于国、于家于己，都有百害而无一利。

一是吞噬发展成果。“奢侈之费，甚于天灾。”虽然我们的家底越来越厚，条件越来越好，但如果不加珍惜，随意挥霍浪费，即使金山银山，也会吃光挖净。我国有 13 亿多人口，如果每人浪费一滴水、一度电、一块煤，乘以 13 亿，就是一个惊人的天文数字。据统计，我国每年餐桌浪费价值为 2000 亿元，废弃包装价值高达 4000 亿元。仅这两项，就相当于毁掉了我国西部一个省份全年的生产总值。

二是败坏社会风气。“俭，德之共也；侈，恶之大也。”奢靡之风除了物质上的浪费，更可怕的是对人精神的腐蚀。无论是党员干部还是普通群众，贪图享乐、奢侈浪费，不仅会消磨个人意志、淡化理想信念，而且容易形成物欲喧嚣的不良社会风气，助长拜金主

2013年1月16日，北京市一民间公益组织发起一项主题为“从我做起，今天不剩饭”的公益活动，倡议市民在饭店就餐打包剩饭、“光盘”离开，形成人人节约粮食的好风气。图为志愿者在一家饭店贴上宣传画。

义、享乐主义、极端个人主义等腐朽思想。

三是损害党和政府形象。一些党员干部讲排场、比阔气，认为只要为公家办事，标准可定得高些、钱可花得多些。殊不知，推杯换盏之间，喝坏了党风政风；高楼华宇之上，疏远了广大百姓。如果铺张浪费之风蔓延，就会像一座无形的墙，把党和群众隔开，使党失去根基、失去血脉、失去力量。

二、铺张浪费的顽疾如何把脉

“我们的口号是：不买对的，只买贵的；不求最好，但求最贵。”这是前些年贺岁片《大腕》中的经典台词。演员充满调侃的话语，反映了社会上一些人畸形的消费心态，嘲讽了生活中的奢靡之风。

奢靡之风盛行，公款浪费是重要推手。看看我们身边的铺张浪费，不难发现，“埋单”的大多是公家。当前群众意见最大的，也是公款的铺张浪费。这些年，中央制定了纪律处分条例、党员领导干部廉洁从政若干准则等，对禁止公款浪费作出严格规定，也开展了许多专项行动，但公款铺张浪费为何还屡禁不止？

思想认识不端正。公款姓“公”，是用来为民谋利的。但在现实生活中，有的干部认为公款反正不是自家的钱，不花白不花，花起来大手大脚；有的干部借公款之“鸡”为自己“下蛋”，或巴结领导，或“广结善缘”，或变相敛财；有的干部好大喜功，追求大手笔、大投入、大排场，内在动机就是谋求个人政绩。归根到底就是一个“私”字在作祟。

制度安排有漏洞。铺张浪费的滋生蔓延，暴露出制度上的漏洞和缺失。如公务接待制度设置不合理，容易成为公款吃喝、送礼打点、观光旅游的“借口”；财务报销制度不规范，往往是花钱“一支笔”，超范围、做假账冲抵现象严重，使公款消费“不差钱”；决策机制不健全，“规划规划，不如领导一句话”，一些干部惯于拍脑袋决策、拍胸脯蛮干、拍屁股走人，即使听证咨询也是在搞形式、走过场，这样出现“面子工程”、“烂尾工程”、“最短命系列”也就不足为奇了。

专家评说

最大浪费是决策失误造成

周干峙（中国科学院院士、工程院院士）：我曾经把城市建设中的浪费现象归纳为六个方面：一是决策失误；二是重复建设；三是规划不当；四是设计有误；五是工程质量差；六是大拆大建。最大的浪费是决策失误造成的浪费。

监督制约不到位。“看得见的管不着，管得着的看不见”，这是很多人对目前监督问题的形象概括。一方面，纪检、审计、财政等部门的监管还不够，公款铺张浪费的冲动“此消彼长”；另一方面，公众监督“底气不足”，监督渠道、举报机制等不够畅通，舆论监督缺乏相应保障，一些地方和单位还常常以“影响团结”、“影响工作”为理由，阻挠媒体进行舆论监督。

从个人铺张浪费来说，主要与“好面子”思想有关。“有朋自远方来，不亦乐乎”，热情好客是中国人的传统习俗，本来无可厚非。但慷慨过度，讲排场、爱攀比的思想也根深蒂固。许多人觉得，红白喜事就该大操大办，请客吃饭就该宁剩毋缺、宁多毋少，否则就是丢面子、跌份儿。正是出于这种想法，有的一掷千金、炫耀财富，有的打肿脸充胖子、死要面子活受罪，以无谓的浪费换来心理的安慰或满足。

三、如何给公款铺张浪费套上“紧箍咒”

中央八项规定出台后，公款吃请应势而降。据中国消费者协会统计，2013 年前 3 个月中高档餐饮企业收入下降了 30%。特别是高端餐饮业绩是“跌跌不休”，纷纷放低身段，转而走“平民路线”。

但同时，一些大吃大喝者为暂避风头，有的玩起了“躲猫猫”，转到内部餐厅、私人会所，标准堪比五星饭店；有的玩“潜伏”，从“地上”转到“地下”，宴请名单成了酒楼的“最高机密”。种种花样翻新，但铺张浪费依旧，这正说明了遏制公款浪费的任务还相当艰巨。

网友网言

- 各类公款浪费行为，扰乱党风、败坏政风、侵蚀民风。
- 一个浪费盛行的国度，不可能涵养真正的现代文明；一个艰苦奋斗的政党，必须懂得成由俭败由奢的道理。
- 以豪华、庞大为美的理念，用在政务新区的建设上，不仅是非常可怕的，也是十分丑陋的。
- 只有建立良好的社会生态，创造以贪腐奢侈、不劳而获、铺张浪费为耻的社会环境，铺张浪费之风才有可能得到遏制、扭转。

事实说明，公款铺张浪费成了一种“多发病”、“常见病”。反复发生的问题，应从制度上找原因，也必须用制度加以规范。只有完善相关制度，才能构筑起“防火墙”，打好刹住公款浪费的“攻坚战”。

改革公务接待制度。要想管住吃喝之风，首先拿公务接待制度“开刀”。最近一些地方进行了积极探索，如浙江温州对公务接待“谁吃、在哪儿吃、怎么吃、怎么报……”作出了明确规定，被称为史上“最细的公务接待标准”。2013 年新通过的《国务院工作规则》，提出要改革和规范公务接待工作。下一步，应按照相关规定的要求，研究制定全国统一的接待标准，严格遵照执行，堵住用

福建省闽侯县组织相关部门组成“整治奢侈浪费督查组”，对公务接待的开支标准、接待范围、审批手续等执行情况进行监督检查，从源头上制止奢侈浪费，严刹“吃请风”。图为督察组在一家酒店检查公款消费情况。

为加强廉政建设，狠刹大吃大喝歪风，河南省安阳市汤阴县推行“公务灶”接待制度，规定所有接待，不论级别高低，一律在“公务灶”进行，早餐每人5元，午、晚餐每人20元。图为河南省汤阴县一位机关工作人员在公务灶餐厅就餐后登记。

公款送礼和宴请，切实把接待费用降下来，2013年中央公务接待费用将压缩4.3%。从长远来看，可借鉴一些国家“对外不对内原则”，国内公务要试行“谁出差、谁负责”，推行货币化改革，彻底改变公款接待政府兜底的现状。

规范财政预算制度。只有做到公共财政每一项花费都有明确用途，才能有效堵住公款铺张浪费的源头。应健全预算编制和执行管理制度，强化预算科学化、精细化管理，不仅标注大类而且列出具体项目，让预算约束真正硬起来。推进预算决算公开，防止财政资金被挪作吃喝之用。同时，严格监管预算外收入，取消“小金库”、“账外账”，将各级政府的全部收入和支出都纳入预算管理，真正管好政府钱袋子，使大吃大喝“报销无门”。

健全科学决策机制。坚持科学决策、民主决策、依法决策，健全决策机制和程序，特别是重大问题的决策，应充分调研和论证，广泛听取专家和群众的意见；决策时要坚持公平、公正的原则，通过集体讨论、集思广益，尊重客观、尊重科学；决策实施过程中，加强跟踪，督促落实，发现问题及时纠正。

严格问责惩戒制度。没有问责，管住公款铺张浪费就是一句空话。对于公款铺张浪费，不能仅停留在“口头批评”，而应依法追究行政、法律责任，提高公款浪费的违法违纪成本。对于情节严重的要严肃查处，让他们“吃不了兜着走”，心里有防线、有畏惧，不敢越“雷池”、碰“高压”。

完善监督制约机制。监督在遏制公款铺张浪费中扮演着重要角色。刹住公款铺张浪费之风，关键是发挥各类监督主体的作用，强化人大、审计、纪委等监督职能，发挥媒体监督和群众监督的作用，构建全方位的监督体系，形成“老鼠过街，人人喊打”的局面。

特别要看到，随着微博、微信等网络技术的发展，互联网用户数量不断增多，网络监督的力量越来越强大。广东珠海“红酒门”等事件，就是被“网络其中”的典型案例。应进一步健全网络举报和受理机制，强化网络舆情的收集、研判和处置机制。根据网络舆情的线索，及时介入，真正属实的要作出处理，与事实有出入的要向群众讲清楚，以切实行动取信于民。

四、为什么说节约是最大的资源

人无俭不立，家无俭不旺，国无俭必亡。随着经济的持续快速发展，很多人却对此提出疑问：现在我们物质财富已经这么丰富了，生活也越过越红火，还有必要

专家评说

要出台法律法规限制浪费

袁隆平（中国工程院院士）：我们国家人口这么多，耕地又这么少。水稻产量每亩提高10斤、5斤都很难，提高了单产之后又浪费了。谁知盘中餐，粒粒皆辛苦。我建议，政府要出台法律法规，把浪费当作一种可耻行为，当成犯罪的行为来限制它！

2013年春节后，辽宁省锦州市30余家大、中型餐饮企业开展“光盘行动”，推出“半份菜”、“小份菜”，倡导消费者就餐后打包。图为餐厅服务员在摆放“半份菜”展示菜品。

强调勤俭节约，过紧紧巴巴的日子吗？

难道我们真的腰缠万贯、富得流油了吗？那就一起晒晒我们的“家底”。不可否认，与过去相比，我们“家底”的确厚实了很多，2012年国内生产总值达51.9万亿元。但大家不要忘记，我国有13亿多人口，如果除以这个庞大的分母，我们的人均国内生产总值仅排在世界第80多位，依然是世界上最大的发展中国家，仍处于社会主义初级阶段。按照联合国的标准，还有1.28亿人口生活在贫困线下，远远没到“富裕”的程度，根本没有挥霍的“资本”。

从我们的资源来看，更没有浪费的理由。人们经常用“地大物博”来描述祖国的广袤和富饶，这从大的方面讲也没有问题，但从人均占有量来看，我国的资源很紧张。如水资源人均占有量为2300

立方米，仅相当于世界人均的1/4；人均耕地面积不到1.5亩，不到世界平均水平的1/2；大多数矿产资源的人均拥有量不足世界平均水平的一半。

还要看到，我们生产和消费方式不合理，使得资源"瓶颈"更加突出。据统计，我国矿产资源总回收率仅35%左右，资源综合利用率只有40%左右。如今，我国资源的对外依存度在不断上升，2012年石油对外依存度已达56.4%。

在这种情况下，只有节约资源，才能为未来发展赢得最大空间。国家应把节约作为一项基本国策，加快建设资源节约型社会。企业应增强自主节约的意识，加快转变发展方式，提高资源利用率。"一粥一饭当思来之不易，半丝半缕恒念物力维艰。"每个人都应该把勤俭节约当成一种健康时尚的生活方式，科学消费、理性消费，从我做起、从小事做起，自觉厉行节约、反对浪费。

"兴家犹如针挑土，败家犹如水冲沙。"一个家庭的富裕，离不开开源节流、勤俭持家；一个国家的强大，需要全民养成节约习惯、形成勤俭之风。全社会都要警醒起来，坚决抵制铺张浪费的不良风气，共同培育积极健康的文明风尚。

相关链接

1.《习近平作出批示要求　厉行节约　反对浪费》，《人民日报》2013年1月29日。

2.《厉行节约　反对浪费——重要论述摘编》，中央文献出版社2013年版。

9 打铁还需自身硬
——干部作风怎么改进

2013 年 7 月，电影《周恩来的四个昼夜》在各地热映。影片生动讲述了 1961 年经济困难时期，周恩来同志在河北武安伯延公社调研的 4 个难忘昼夜，成功塑造了老一辈革命家深入体察民情、关心群众疾苦的艺术形象，折射了共产党人坚持真理、实事求是、与群众同甘共苦的优良作风，给人以深深的震撼和感动。

人心向背看作风。作风是党的生命，关系党的生死存亡，关系国家前途命运。眼下，一场剑指作风积弊的党的群众路线教育实践活动，正在全党深入开展。中央政治局率先垂范，各级党组织和广大党员干部积极参与，一股简、实、勤、廉的新风扑面而来。“打铁还需自身硬”，作为“中国号”巨轮的掌舵者，我们党只有靠优良作风才能把人民凝聚起来，汇集起实现民族复兴中国梦的磅礴力量。

一、当前干部作风状况怎么看

作风看似无形，却又无处不在。老百姓认识和评判一个政党，最直接、最有力的依据就是其作风。革命战争年代，“日穿草鞋，夜打灯笼”的苏区干部，唤起了工农千百万；“三大纪律、八项注意”的长期锤炼，锻造出一支所向披靡的人民军队。当年，解放军进入大上海时，指战员们不扰民，和衣而卧露宿街头，深深震撼了惯见官骄兵逸的上海市民，使新政权迅速站稳了脚跟。毛泽东一句“用延安作风打败西安作风”，道出了共产党人创造历史的奥秘。

改革开放以来，我们党把作风问题摆在关系党生死存亡的高度来认识，采取一系列重大举措，坚持不懈抓作风建设。这些年来，先后开展整党、“三讲”教育、保持共产党员先进性教育、深入学习实践科学发展观等重大活动，不断增进了党群、干群之间的感情，保持了党同人民群众的血肉联系。党的十八大以来，新一届中央领导集体坚决果断刹风整纪，从出台八项规定切入，中央政治局以身作则，发挥示范效应，各级党组织迅速跟进，促进了党风政风转变，带动了社会风气好转。

从总体上看，当前广大党员干部的作风主流是好的，对此应充分肯定。在今天的中国大地上，“白加黑”、“五加二”的基层干部、扎根农村的村官、为民生难题夙兴夜寐的领导干部……他们赓续和弘扬着党的优良作风，成为党群干群关系的“压舱石”。“人民的好村官”沈浩、“巴山红叶”王瑛、坚守共产党人精神家园的杨善洲、用生命托起战机的罗阳……他们的事迹，生动诠释了共产党人的高风亮节。

“人民的好村官”沈浩

“巴山红叶”王瑛

坚守共产党人精神家园的杨善洲

同时也要清醒看到，世情、国情、党情正在发生深刻变化，党所处的历史方位和执政条件、党员队伍构成都发生了重大变化。现在，我们党已经拥有8500多万党员，规模数量大，成员分布广，新鲜血液多，来自党内外的风险挑战和严峻考验前所未有，党内脱离群众的现象大量存在，一些问题还相当严重。这些问题，集中表现在形式主义、官僚主义、享乐主义和奢靡之风这“四风”上。

一是形式主义。一些地方的干部成天赶“秀场”，挂横幅、登台面、上镜头。一些地方的干部埋头于文山会海、迎来送往、检查评比、总结汇报，

深度解读

八项规定的主要内容

1. 要改进调查研究，切忌走过场、搞形式主义；要轻车简从、减少陪同、简化接待。

2. 要精简会议活动，切实改进会风；提高会议实效，开短会、讲短话，力戒空话、套话。

3. 要精简文件简报，切实改进文风，没有实质内容、可发可不发的文件、简报一律不发。

4. 要规范出访活动，严格控制出访随行人员，严格按照规定乘坐交通工具。

5. 要改进警卫工作，减少交通管制，一般情况下不得封路、不清场闭馆。

6. 要改进新闻报道，中央政治局同志出席会议和活动应根据工作需要、新闻价值、社会效果决定是否报道，进一步压缩报道的数量、字数、时长。

7. 要严格文稿发表，除中央统一安排外，个人不公开出版著作、讲话单行本，不发贺信、贺电，不题词、题字。

8. 要厉行勤俭节约，严格执行住房、车辆配备等有关工作和生活待遇的规定。

“认认真真走过场，扎扎实实做样子”。有的干部下基层调研走马观花，坐在车上转，隔着玻璃看，只看“门面”和“窗口”，不看“后院”和“角落”。更有一些地方搞不切实际的高指标，搞虚报浮夸的假政绩，搞沽名钓誉的形象工程，形式主义作祟结出的恶果只能由群众来“埋单”。

二是官僚主义。一些干部脱离实际、脱离群众，高高在上、漠视现实，对人民群众的疾苦或心中无数或视而不见，麻木不仁、置若罔闻。一些干部官气十足，唯我独尊，专横跋扈，听不得不同意见。一些干部遇事推诿、怕担责任，办事拖拉、敷衍塞责，门难进、脸难看、话难听、事难办。还有一些干部，眼里只有领导没有群众，对上曲意逢迎，对下吆五喝六，“不怕群众意见大，就怕领导印象差”。

三是享乐主义。一些干部意志消沉、信念动摇，认为“理想是空的，政治是假的，吃喝玩乐才是真”。他们奉行及时行乐的人生哲学，“今朝有酒今朝醉”、“人生得意须尽欢”，追求吃得好、玩得痛快、住得舒服，享受所谓的“人间乐趣”。一些干部为了追求“舒适”目标，不惜铤而走险，大肆索贿受贿，最终沦为人民的罪人。

四是奢靡之风。在一些干部心中，艰苦奋斗已渐行渐远，群众观念日渐模糊，甚至完全淡忘。一些地方的楼堂馆所，搞得富丽堂皇，吃喝玩乐一应俱全，铺张浪费、挥霍无度。有的干部要求超规

福建省宁德市开展“四下基层、四解四促”活动，即“信访接待下基层，解矛盾促和谐；现场办公下基层，解难题促民生；调查研究下基层，解瓶颈促发展；宣传党的方针政策下基层，解疑惑促落实”，得到群众广泛好评。图为该市干部走访基层群众。

格接待，住豪华酒店，吃山珍海味，喝美酒佳酿。有的干部在高档场所、名山秀水流连忘返、乐不思蜀。还有的地方财政经费也敢拿来乱花，甚至扶贫款项也敢拿来挥霍，奢靡之风之盛、之甚让人瞠目结舌。

“四风”问题损害党的形象，违背党的性质宗旨，群众深恶痛绝。虽然发生在少数干部身上，但如果任其传播泛滥，就会像无形的墙隔开党和群众，像锋利的刀割裂干群之间的信任，必须采取有效措施加以解决。

二、为何要开展群众路线教育实践活动

毛泽东同志说过：“房子是应该经常打扫的，不打扫就会积满了灰尘；脸是应该经常洗的，不洗也就会灰尘满面。我们同志的思想，我们党的工作，也会沾染灰尘的，也应该打扫和洗涤。”现在，我们在全党开展群众路线教育实践活动，就是要清除作风之弊、洗净行为之垢，确保党的肌体健康，密切党群干群关系。

这次教育实践活动，是党的十八大作出的一项重大决策。十八大后，新一届中央领导集体制定并带头落实关于改进工作作风、密切联系群众的八项规定，有力推动党风政风改进，同时为开展教育实践活动作了思想动员、工作准备和行动示范。前不久，中央专门下发文件，召开工作会议，对活动进行了全面部署。这次活动对于促进党的作风建设，增强党的创造力凝聚力战斗力，促进全党同志以全新面貌开展工作、担当使命，具有十分重要的意义。

开展教育实践活动，是凝聚实现“两个 100 年”目标和中国梦强大力量的战略之举。十八大提出，在党成立 100 年时全面建成小康社会，在新中国成立 100 年时建成富强民主文明和谐的社会主义

加强理想信念教育是改进干部作风的有效形式。图为2012年10月14日，河北省新乐市陶家庄村20名共产党员正在革命圣地西柏坡七届二中全会会址前重温入党誓词。

现代化国家。十八大之后，习近平总书记又提出实现中华民族伟大复兴的中国梦。实现这样的目标和梦想，关键取决于我们党，取决于党的力量。党的力量从哪里来？就是从群众中来。中国梦归根到底是人民的梦，要让梦想成真，人民是永远的靠山。这次活动，就是要以好的作风调动人民群众的积极性主动性创造性，提振精气神，拧成一股绳，筑起实现中国梦的“铜墙铁壁”。

开展教育实践活动，是保持党的先进性纯洁性、巩固党的执政基础执政地位的重大举措。得民心者得天下，失民心者失天下。党的先进性和党的执政地位都不是一劳永逸、一成不变的，过去先进不等于现在先进，现在先进不等于永远先进；过去拥有不等于现在拥有，现在拥有不等于永远拥有，而人民是最根本的影响“因子”。

2013年3月中央纪委通报违反八项规定的六起典型案例

1. 海南省琼中县财政局局长用公款宴请个人朋友等，被免去党内和行政职务，由本人上缴招待费用；

2. 珠海金融投资控股有限公司借召开银企合作交流座谈会之机用公款大吃大喝，总经理受到党内警告处分，并免去职务，责令参会者自负超标费用；

3. 陕西省白河县县委书记违规借用越野车，受到党内警告处分，有关责任人受到追究；

4. 江苏省无锡市无锡新区鸿山街道组织80余名干部赴厦门召开务虚会，参观景区，街道党工委书记受到撤销党内职务处分，并责令参会人员全额承担外出费用；

5. 湖北省赤壁市地税局"两节"期间乱发物资补助，局长受到党内严重警告处分和行政记过处分，相关责任人受到追究，所发物资补助已全部清退；

6. 江西省上饶县清水乡前汪村利用村委会新办公场所搬迁之机，大摆宴席，清水乡党委书记、乡长被免职处理，前汪村党支部书记受到撤职处分。

党的先进性根本体现在为了人民，党执政的根基在于人民。联系人民鱼得水，脱离群众树断根。这次活动，就是要把为民务实清廉的价值追求，植根于全党同志的思想和行动中，始终同人民心连心、同呼吸、共命运，使我们党永葆先进性，使党的执政地位安如泰山、坚如磐石。

开展教育实践活动，是解决群众反映强烈的突出问题的有力抓手。群众的眼睛是雪亮的。党员干部身上的问题，群众看得最清楚、最有发言权。"形式主义烦死人，官僚主义压死人，享乐主义毒害人，奢靡之风腐化人"，这个顺口溜点中了作风顽疾的"穴位"。这"四风"问题，社会影响恶劣，群众反映强烈，是横在党同人民群众之间的"无形之墙"。群众的意见是改进的方向，群众的需要是工作的目标。这次活动，就是要切实解决“四风”问题，进一步密切党同人民群众的血肉联系，以作风建设的实际成效赢得民心。

按照中央部署，这次教育实践活动，从2013年下半年开始，计划用一年左右的时间，自上而下分两批进行。教育实践活动，将通过学习教育、听取意见，查摆问题、开展批评，整改落实、建章立制这三个环节，达到党员干部思想进一步提高、作风进一步转变，党群干群关系进一步密切，为民务实清廉形象进一步树立的目标。眼下，第一批教育实践活动正在259个单位扎实深入开展。

三、如何解决群众反映强烈的突出问题

“最期盼的是解决问题，最担心的是形式主义。”这是许多人对这次群众路线教育实践活动的心声。群众的担忧不是没有道理的。能不能打消这个疑问，关键还是要看能不能找准问题、真正解决问题。如果只是走个过场、做个样子，问题还是一大堆，这样就不能取信于民，反而会失信于民。

开展教育实践活动，目的就是要在解决党性党风问题上取得突破。这次活动为时一年，具体到一个地方或单位也就三个来月，不可能一下子就把所有矛盾和问题都解决掉。因此，中央决定把这次教育实践活动的主要任务聚焦到作风建设上，集中解决形式主义、官僚主义、享乐主义和奢靡之风这“四风”问题。为什么要聚焦到“四风”上呢？因为这“四风”看得见、摸得着，是当前作风建设中最具普遍性的问题，是老百姓直接看在眼里的，反映最为强烈的问题，也是迫在眉睫、非解决不可的问题。

知识点

"照镜子、正衣冠、洗洗澡、治治病"的总要求

照镜子，主要是以党章为镜，对照党的纪律、群众期盼、先进典型，对照改进作风要求，在宗旨意识、工作作风、廉洁自律上摆问题、找差距、明方向。

正衣冠，主要是按照为民务实清廉的要求，勇于正视缺点和不足，严明党的纪律特别是政治纪律，敢于触及思想、正视矛盾和问题，从自己做起，从现在改起，端正行为，自觉把党性修养正一正、把党员义务理一理、把党纪国法紧一紧，保持共产党人良好形象。

洗洗澡，主要是以整风的精神开展批评和自我批评，深入分析发生问题的原因，清洗思想和行为上的灰尘，保持共产党人政治本色。

治治病，主要是坚持惩前毖后、治病救人方针，区别情况、对症下药，对作风方面存在问题的党员、干部进行教育提醒，对问题严重的进行查处，对不正之风和突出问题进行专项治理。

集中解决"四风"问题，既要触及思想灵魂，又会涉及具体问题。在教育实践活动中，应着眼于自我净化、自我完善、自我革新、自我提高，贯穿"照镜子、正衣冠、洗洗澡、治治病"的总要求，对与民争利、损害群众利益的不正之风和突出问题进行专项治理，切实解决作风不实、不正、不廉的问题，使广大党员干部的作风有一个大的改观。

一是认识到位。思想是行动的先导，认识不深刻，行动难持久。在教育实践活动中，一些人还存在模糊认识和思想障碍，有的对作风方面存在的问题见怪不怪；有的有畏难情绪，认为作风问题积习难改；有的心存侥幸，企图蒙混过关；等等。有这样的思想作怪，怎么能真正解决问题呢？必须充分认识"四风"问题的严重性和危害性，"四风"问题违背党的性质宗旨，是损害党群干群关系的重要根源，任其蔓延开来，党就会失去血脉、失去根基、失去力量，后果不堪设想。应当看到，中央对改进作风的态度是严肃的、决心是坚定的，人民群众对这次活动也抱有很高的期待。每个

内蒙古自治区包头市土默特右旗在践行群众路线工作中，探索形成了以“四进家门、五措梯进、六个一遍”为主要内容的党员干部联系服务群众“四五六”工作法。

党员干部都应在思想上警醒起来，坚决克服轻视的思想、观望的心理、敷衍的态度，甚至与己无关的想法，以“战斗的姿态”投入到教育实践活动中来。

二是动真碰硬。世界上怕就怕“认真”二字，共产党就最讲“认真”。解决“四风”问题，重要的是对准焦距、找准穴位、抓住要害、敢于交锋。必须按照以整风精神开展活动的要求，敢于抛开面子、揭短亮丑，把问题一一找出来，真正号准血脉、找到病灶。应抓住主要矛盾，什么问题突出就着重解决什么问题，什么问题紧迫就抓紧解决什么问题，制定整改任务书、时间表，拿出符合实际、针对性强的举措。发扬“钉钉子”精神，以持之以恒的态度和锲而不舍的韧劲，打持久战、啃硬骨头，一个问题一个问题解决，真正取得实实在在的成效。不论哪个环节，都不能避实就虚、避重就轻，防止查找问题蜻蜓点水、剖析原因隔靴搔痒、整改落实雷声大雨点小。

网友网言

- 转变作风不是“一阵风”，也不是“耳旁风”，而是要吹“四季风”。
- 群众就在身边，问题就在眼前，不要一讲干群关系，就只是到田间地头，煞费苦心去找群众。
- 好的作风要坚持，不要无疾而终，要不断制度化、法制化，成为国家政治生活常态。
- 人民监督是硬道理，没有监督机制，作风转变就会变成作秀。

三是领导带头。俗话说，“领导带头，万事不愁”。“四风”问题主要存在于领导机关、领导干部中。如果领导不给力，把规定当成“手电筒”，只照别人不照自己，或者自己害病，让下边吃药，又如何让人心服口服、真转实改？正所谓，“喊破嗓子，不如甩开膀子”，说一千道一万，不如做出样子给人看。2013 年 6 月 22 日至 25 日，中央政治局召开专门会议，对照检查落实中央八项规定的情况，讨论研究了加强作风建设的措施和制度，给全党起到了示范带动作用。每个领导干部都应以普通党员身份参与到教育实践活动中去，把自己摆进去，力争认识高一层、学习深一步、实践先一着、剖析解决突出问题好一筹。自觉接受监督，说到的就要做到，承诺的就要兑现，一级做给一级看，推动作风问题的真正解决。

四是强化监督。改作风决不能“自说自话、自弹自唱”，搞内部封闭循环，而应当开门搞活动、开门接受监督。这段时间以来，一些公款旅游、公款吃喝、官话套话等不良作风，正是在社会的高度关注中，迅速得到处置或者整改。应加强群众监督，提供多种平台，畅通群众反映问题的渠道，始终做到让群众参与，让群众评

浙江省乐清市“自揭家丑”，11 家单位被授牌为 2012 年度“群众不满意基层站所（办事窗口）”。作为处罚，这些单位被通报批评，在报纸上公开承诺整改措施，如果下一年还是“后进窗口”，单位负责人将被撤换。图为某单位被挂牌。

价，让群众检验，使教育实践活动成为群众支持、群众满意的民心工程。加强督促检查，及时发现和纠正活动中出现的问题，提出符合实际的目标要求和办法措施。加强舆论监督，发挥好新闻媒体特别是新媒体的作用，营造浓厚氛围，推动形成祛歪风、树良风的社会正能量。

四、如何形成坚持为民务实清廉的长效机制

倡导优良作风、为民务实清廉，是我们经常讲、反复提的一个要求。这些年来，围绕改进作风，我们发了不少文件，采取了不少

政策传真

近年来出台的加强对权力制约监督的部分党内法规和法律

1. 2007 年 4 月 27 日，《中国共产党党内监督条例（试行）》；
2. 2009 年 6 月 30 日，《关于实行党政领导干部问责的暂行规定》；
3. 2009 年 7 月 2 日，《中国共产党巡视工作条例（试行）》；
4. 2009 年 7 月 12 日，《国有企业领导人员廉洁从业若干规定》；
5. 2010 年 1 月 18 日，《中国共产党党员领导干部廉洁从政若干准则》；
6. 2010 年 3 月 31 日，《党政领导干部选拔任用工作有关事项报告办法（试行）》；
7. 2010 年 5 月 19 日，《关于对配偶子女均已移居国（境）外的国家工作人员加强管理的暂行规定》；
8. 2010 年 7 月 11 日，《关于领导干部报告个人有关事项的规定》；
9. 2010 年 10 月 1 日，《中华人民共和国行政监察法》。

措施，但为什么这“四风”还有不小的市场？为什么有些人把为民务实清廉抛在脑后，对不正之风乐此不疲？这是一个值得我们深思的问题。

对这次教育实践活动，现在群众有不少议论，有拍手称快的，也有担忧和疑虑的。群众之所以拍手称快，是认为这项活动抓到了点子上，体现了动真碰硬的决心；群众之所以担忧和疑虑，是怀疑会不会变成一阵风。

历史和现实表明，制度问题不解决，作风问题也很难解决。因为作风问题具有反复性、顽固性，抓一抓就好些，松一松就会反弹。要避免改作风成为一阵风，从根本上说靠制度。制度具有根本性、全局性、稳定性和长期性。只有建立完备有效的制度体系，发挥制度的激励约束作用，才能让好的作风得到弘扬、让不良作风受到遏制。

政贵有恒，治须有常。要把改作风的成效巩固下去、坚持下去，实现对“四风”问题的经常抓、长期抓，关键是应建章立制。坚持把中央要求、实际需要和新鲜经验结合起来，本着于法周延、于事简便的原则，抓紧建立健全各种规章制度，形成坚持为民务实清廉的长效机制。

专家评说

改进作风必须坚持治标与治本相结合

辛鸣（中央党校教授）： 当前，部分党员干部身上出现了脱离群众的现象，任其发展下去，党就会渐渐失去群众的信任和支持。为此，改进工作作风必须坚持治标与治本相结合，一方面要治标，让人民群众看到希望；另一方面要治本，多在建章立制上下功夫，用制度管人。

堵住“漏洞”，使制度不留空白。“四风”问题上的很多积弊顽症，为什么久治不绝？经验告诉我们，普遍发生的问题要从体制机制上找原因。真正解决“四风”问题，就应从体制机制上找对策，从建章立制上想办法。一方面，应针对工作中的死角漏洞和薄弱环节，研究制定具体制度规定，做到制度要求全覆盖；另一方面，应在教育实践活动中，边实践、边总结，把整改措施用规章明确下来，把落实意见用制度固定下来，做到从源头上遏制不正之风。

推出“升级版”，使制度适应形势发展。实践在深化，事业在前进，我们的制度建设也应当与时俱进。应全面梳理现有各项制度，对那些经实践检验行之有效、群众认可的，须予以重申，继续坚持、抓好落实；对那些不适应新形势新任务要求的，该废止的及时废止，不完善的抓紧修订完善，该制定新的就制定新的。只有这样，才能使各方面的制度根据情况的变化，及时“升级换代”，实现最大效能。

绷紧“高压线”，使制度得到百分之百执行。“令在必信，法在必行”。这些年，在制度建设上，我们下了不少功夫，在各领域各层次都建了不少章、立了不少制，但实际效果却不尽如人意。其中一个重要原因，就是制度缺乏刚性约束，产生了“破窗效应”，很多都成了“稻草人”。以至于在现实生活中，“显规则”成了摆设，“潜规则”反而盛行。这个问题已到了非解决不可的地步。大量事实说明，很多领导干部之所以腐化堕落、身败名裂，往往都是从放松制度约束这根弦、轻易突破制度“红线”开始的。因此，对每个党员干部来说，都必须坚持制度面前人人平等、执行制度没有例外，坚决维护制度的严肃性和权威性。从实际工作来看，既要重视完善各项制度，更要重视完善落实制度的制度，确保每项制度的落实，有执行主体、有检查监督、有问责机制，使其成为不可逾越的禁区、不可触碰的“高压线”，使改作风有可靠的制度保障。

知识点

破窗效应

破窗效应是犯罪学的一个理论。该理论认为：如果有人打坏了一幢建筑物的窗户玻璃，而这扇窗户又得不到及时的维修，别人就可能受到某些示范性的纵容去打烂更多的窗户。久而久之，这些破窗户就给人造成一种无序的感觉，结果在这种公众麻木不仁的环境中，犯罪就会滋生、猖獗。这说明不良现象如果被放任存在，会诱使人们仿效，甚至变本加厉。

清风凉自林谷出，廉洁缘从正气来。作风是一种精神支撑，是一种无形的力量。干部队伍风清气正，人民群众心齐气顺，干事创业的热情更加高涨，中华民族伟大复兴的中国梦才能早日实现。

相关链接

1. 习近平：《在党的群众路线教育实践活动工作会议上的讲话》，人民网。

2. 刘云山：《在党的群众路线教育实践活动工作会议上的讲话》，人民网。

3.《中共中央政治局召开专门会议　对照检查中央八项规定落实情况讨论研究深化改进作风举措》，《人民日报》2013年6月26日。

后 记

参加本书起草和修改工作的有：何亦农、郭宇光、王君琦、王道勇、常培育、沈壮海、李亚彬、商志晓、吴宏亮、杜飞进、卢周来、吕炜、潘家华、梁本凡、胡小松、彭建强、李含琳、储朝晖、张斌贤、刘春、范跃庚、原广丰、林玉、查玮、陈俊、洪向华、谭中和、王铁汉、王国伟、李云峰、吴晶晶、刘奕湛、王素、李协京、苏红、方鸿琴、吕晓莉、孔伟、李志宏、张世秋、喻立平、贺亚兰、金虎、王颖、黄迪问、孔繁轲、曾维伦、戴世平、张剑、夏春涛、温宪元、赵周贤、孙文营、游承陆、安雪慧、杨宜勇、吴忠民、王伟同、李宏伟、刘光明、李晓东、张展新、叶凡、倪迅、吴玉军、赵铁、马淑蕾、张兴、张含、李泓磊、郭海军、陈芳、赵应生、王伟、刘水静、何成、徐春生、田园等同志。杨章裕、侯军、谢祥、亓胜林等同志自始至终参加了调研、起草、修改和统稿工作。徐贵相同志具体组织了书稿起草修改有关工作。

本书在编写过程中，得到了中央有关部门和部分单位负责同志以及专家学者的大力支持。中央纪委、中央党校、国家发展改革委、教育部、民政部、人力资源和社会保障部、环境保护部、国家食品药品监督管理总局、中国社会科学院等有关部门和单位，陈希、何毅亭、李景田、蔡名照、冷溶、欧阳淞、张研农、袁贵仁、蔡武、蔡赴朝、蒋建国、李从军、王伟光、杨伟民、李宝善、宁吉喆、李捷、侯云春、毕京京、李君如、武寅、姚景源、夏伟东、韩震、杨耕等同志提出了宝贵的意见。本书编写工作由王晓晖、周爱兵同志主持。

编　者

2013 年 8 月